Leren houden van jezelf

Leren houden van jezelf

Stefanie Carla Schäfer

DELTAS

Hartelijk welkom! 6

Eerste hoofdstuk

Alle begin is makkelijk: de eerste stappen — 8

Wakker worden en beginnen — 10
Neem het geluk in eigen hand — 14
Er is genoeg liefde voor iedereen — 16
Verander je eigen programmering — 20
Identificeer kritische stemmen — 22
Gadeslaan en waarnemen — 24
In één oogopslag: de weg naar zelfliefde — 28

Tweede hoofdstuk

Zeg 'ja' tegen jezelf: een nieuwe manier van contact — 30

Licht en schaduw — 32
Focus je op je hulpbronnen — 34
Verwelkom je gevoelens — 36
Een schatkaart van gevoelens — 40
Voel en beleef je eigen behoeften — 42
Stel grenzen — 44
Neem de ruimte — 46
Breng waardering in de praktijk — 50
In één oogopslag: ontdek het 'ja' tegen jezelf — 54

Derde hoofdstuk
Tempel van de ziel: leer je lichaam liefhebben — 56

Sluit vriendschap met je lichaam	58
Het lichaam als tempel van de ziel	62
Vanbuiten en vanbinnen	68
In één oogopslag: voor een liefdevolle omgang met je lichaam	72

Vierde hoofdstuk
Ontplooiing en groei: laat je zelfliefde bloeien — 74

De opwaartse spiraal	76
Over omgaan met crises	78
De vier psychologische basisbehoeften	81
Zelfliefde: de valkuilen	86
In één oogopslag: hoe zelfliefde een onderdeel van je leven wordt	90
Vergeef jezelf	94
Nog meer lezen	95
Fotoverantwoording & bronnen	96

HARTELIJK WELKOM!

Stel je voor dat er zoiets zou zijn als een universeel medicijn. Als je het op de juiste manier inneemt, helpt het bij vrijwel elk probleem en dan ook nog vrijwel zonder bijwerkingen. Het middel is echter niet op recept en in geen enkele apotheek verkrijgbaar. Je kunt het wel heel makkelijk in jezelf ontwikkelen. Dat klinkt verleidelijk, nietwaar?

Het vermogen om van jezelf te houden, heeft veel overeenkomsten met zo'n medicijn. Het geeft een gevoel van zekerheid, ook als je door het leven wordt uitgedaagd. En dat is onvermijdelijk!

Een bewuste en liefdevolle houding tegenover jezelf kan je heel kalm en zorgvuldig verbinden met je innerlijk, wat er aan de buitenkant ook gebeurt. Dit geeft vreugde en een vredevolle gemoedsrust, waarmee het leven gewoon veel leuker is.

Helaas krijgen maar weinig mensen van jongs af aan te horen hoe belangrijk het is om vriendelijk en liefdevol met zichzelf om te gaan. Dus wie als kind de ervaring heeft opgedaan dat het vanwege bepaalde eigenschappen en gevoelens is afgewezen, heeft deze houding meestal onbewust meegenomen in het volwassen leven. Als het dus gebeurt dat je jezelf vandaag de dag als volwassene soms veroordeelt, met jezelf overhooplligt en aan jezelf twijfelt, weet dan dat het de meeste mensen zo vergaat.

ONTDEK DE WAARHEID IN JEZELF

Misschien ken je ook wel dat kritische innerlijke stemmetje, dat vooral in lastige situaties in het leven van zich laat horen en vaak dingen roept als: 'Had ik maar…', 'Zou ik niet beter…', 'Ik ben niet goed genoeg' in plaats van 'Ik ben prima zoals ik ben'. Dag in dag uit suggereren de media en het internet bovendien hoe wij als moderne mensen zouden moeten zijn: succesvol op het werk, gelukkig in het privéleven, en natuurlijk slank en aantrekkelijk en tegelijk zouden we ook nog eens altijd moeten bruisen van de energie en boordevol vitaliteit zitten…

Dat zijn wel heel veel ideeën en instructies van buitenaf, vind je ook niet? Meestal is het het leven zelf dat je door allerlei ervaringen nu eens zachtzinnig, maar soms ook heel duidelijk vraagt om eens naar binnen te kijken. Daar is namelijk het antwoord te vinden op wat jij zélf goed vindt – en dat kan weleens iets heel anders zijn dan al die patronen en sjablonen! Het goede nieuws is het volgende.

Ieder mens kan leren van zichzelf te houden en vol aandacht en waardering voor zichzelf met zichzelf om te gaan.

Om daarmee te beginnen zijn geen bepaalde voorwaarden of een bepaalde leeftijd nodig. Wat telt is vooral de beslissing om vanaf nu vriendelijk 'ja' te zeggen tegen jezelf en je behoeften en om liefdevol met jezelf om te gaan.

Een zeker doorzettingsvermogen zal helpen om ook op moeilijke momenten op het nieuwe pad te blijven. Denk aan een jong kind dat leert lopen. Het struikelt vast en zeker weleens, maar het zou niet op het idee komen om zichzelf dat te verwijten. Misschien huilt het even omdat het zich pijn gedaan heeft, maar het zal zeker weer opstaan en verder lopen tot de vaardigheid een vanzelfsprekendheid geworden is.

Op jouw heel persoonlijke weg naar zelfliefde wil dit boek je ondersteunen en inspireren. Beschouw het als een vriendelijke partner, die je met heel veel oefeningen en praktische tips bijstaat terwijl jij de belangrijkste relatie van je leven ontdekt.

Neem daarbij absoluut de vrijheid om wat vaker bij jezelf naar binnen te kijken en even om jezelf te glimlachen. *Een snufje humor kan je universele medicijn van zelfliefde een lekker zoete smaak geven!*

Eerste hoofdstuk

Alle begin is makkelijk: de eerste stappen

In dit hoofdstuk leer je

waarom zelfliefde niets
te maken heeft met egoïsme,

welke hindernissen uit de weg
geruimd moeten worden,

wat zelfliefde te maken heeft
met je innerlijke criticus en

hoe je je elke dag weer met jezelf
verbonden kunt voelen.

WAKKER WORDEN EN BEGINNEN

Vermoedelijk ken je het gevoel dat je iets nieuws te wachten staat. Daarbij is het niet belangrijk dat je dat verbindt aan bepaalde uiterlijkheden. Je hebt eerder misschien een vaag vermoeden dat je verlangt naar bepaalde veranderingen in je leven.

Je verlangt misschien naar meer luchtigheid en plezier, naar een grotere verbondenheid met jezelf. Misschien heb je ook de gedachte dat je eindelijk eens jezelf op de eerste plaats wilt zetten in plaats van er altijd alleen maar te zijn voor anderen. Of misschien heb je de duidelijke wens om oude patronen te doorbreken en uit je persoonlijke mallemolen te stappen, om in plaats van altijd terugkerende teleurstellingen te ervaren nieuwe en positieve ervaringen op te doen. Je wilt gewoon meer waardering, meer liefde in je leven en dat is heel begrijpelijk. Tegelijkertijd vermoed je dat je dit alleen zult vinden als je de gebaande paden durft te verlaten.

Om het even welk verhaal je hier gebracht heeft, het is geweldig dat je je nu met zelfliefde wilt bezighouden.

Als je in de een of andere vorm deze 'impuls om te ontwaken' in je voelt, heb je al een basis waarop je kunt bouwen. Je kiest heel nieuwsgierig voor de weg naar jezelf en ik kan je beloven dat dit een uiterst boeiende en lonende reis is. Misschien verloopt hij niet altijd makkelijk en vlot, maar hij is tegelijkertijd zo verrijkend dat je er niets van zou willen missen!

WAT BETEKENT ZELFLIEFDE EIGENLIJK?

Mag dat eigenlijk wel, van jezelf houden? Dat klinkt niet erg bescheiden... Ben je dan niet verliefd op jezelf of misschien wel egoïstisch? Dat wil niemand toch zijn!

Misschien ken je deze of soortgelijke gedachten wel? Ik ken ze in elk geval goed. Lange tijd dacht ik dat innerlijke waarde vooral samenhing met uiterlijke activiteiten. Liefde en waardering moeten verdiend worden, dat wist ik zeker.

Maar zomaar van jezelf houden? Zonder iets speciaals te doen?

Ik heb de indruk dat veel mensen die twijfel hebben. Er zijn veel maatschappelijke voorstellingen die tonen hoe je moet zijn om sympathiek te worden gevonden en gewaardeerd te worden. De vooral in westerse landen wijdverbreide gedachte van presteren heeft ook vaak betrekking op intermenselijk gebied: 'Kijk eens wat een geweldig mens! Hij staat altijd voor iedereen klaar: zijn familie, zijn partner en ook op het werk staat hij zijn mannetje. Echt bewonderenswaardig!'

Vooral vrouwen dragen vaak nog de erfenis van generaties moeders en oma's met zich mee dat je in de eerste plaats voor anderen moet zorgen en jezelf weg moet cijferen. Maar hoe zou het zijn als je iedereen tegemoet kunt komen – dus zowel jezelf als je geliefden?

Weet dat gezonde zelfliefde iets heel anders betekent dan egoïsme. Er wordt veel meer mee bedoeld dan een vriendelijke en zorgzame relatie met jezelf. Pas als je eigen accu is opgeladen, kun je ook echt iets voor andere mensen betekenen!

Als je een goede vriend bent voor jezelf, heb je sympathie voor jezelf als het eens niet zo goed met je gaat. Je bent minder afhankelijk naar buiten toe en wacht niet tot iemand anders je gelukkig maakt. Je zorgt goed voor jezelf en dat maakt je dan weer aantrekkelijk voor anderen. Tegelijkertijd ken je je behoeften en grenzen en je kunt die rustig en ook zeker duidelijk bewaken. Je bent je van jezelf bewust op een aangename en waarderende manier. De meeste mensen vinden het makkelijk om vriendelijk en begrijpend naar anderen te zijn. Datzelfde geldt ook voor het ontdekken van jezelf!

'Houden van jezelf is het begin van een levenslange romance.'

Oscar Wilde

NEEM HET GELUK IN EIGEN HAND

De Ierse schrijver Oscar Wilde noteerde al in de negentiende eeuw vrolijk hoe lonend een liefdevolle relatie met jezelf is. Wie goed kijkt, valt in zijn woorden het begrip 'levenslang' op. Inderdaad ben je zelf de enige mens die – gegarandeerd – een leven lang met je meegaat! Het leven zelf verandert steeds en daarmee vaak ook de mensen die je op je reis vergezellen. Zo kunnen relaties en omstandigheden veranderen, worden kinderen volwassen en ook dood, scheiding en verdriet behoren onlosmakelijk tot de loop van het leven.

Jij echter kunt bij dat alles zelf de beslissing nemen om bij jezelf te zijn en te blijven – wat er ook gebeuren zal – en die hechte relatie met jezelf zorgzaam te koesteren. Dat betekent dat je zoiets als een beste vriend in jezelf ontdekt met wie je door dik en dun verder kunt gaan; iemand die je figuurlijk gesproken op de schouder klopt, die je troost, die zich om je bekommert, die altijd voor je klaarstaat, die je in zijn hart draagt.
Je sluit min of meer vriendschap met jezelf.

NEEM VERANTWOORDELIJKHEID VOOR JEZELF

Daarbij is het volgende inzicht heel belangrijk: als je je op het pad van zelfliefde begeeft, neem je de verantwoordelijkheid voor jezelf. Je neemt bewuste besluiten betreffende je persoonlijk welzijn, je gevoelens en je gezondheid.

Neem van mij aan dat die stap beloond zal worden. Het leven is welwillend tegenover iedereen die besluit om het op bijna magische wijze te ondersteunen.

Met zelfliefde en eigen verantwoordelijkheid in je bagage kun je je volledig ontplooien en dat is fantastisch.

Ook je medemens zal blij zijn, want als je jezelf liefdevol behandelt en je eigenwaarde voelt, dan kun je ook met anderen op die manier omgaan. Liefde en relaties worden rijker naarmate je jezelf beter leert kennen en beter voor jezelf kunt zorgen.

ZELFLIEFDE (OPNIEUW) ONTDEKKEN

Net zo bont en veelzijdig als de wereld zelf is, is ook elk leven. Er is niemand zoals jij! En zoals je bent, ben je goed en het waard om van te houden. Waarom vinden de meeste mensen het dan soms zo moeilijk om dat te zien? Waarom zoeken de meeste mensen waardering aan de buitenkant voordat ze zich eindelijk naar binnen keren?

Als we terugkijken, is het duidelijk dat de mens niet met een gebrek aan zelfliefde op de wereld is gekomen, maar dat hij dit probleem in de loop van de tijd heeft ontwikkeld. Denk eens aan een jong kind. Het gedraagt zich heel natuurlijk, brengt gewoon zijn gevoelens en impulsen tot uitdrukking. Een baby zal niet uit zichzelf op het idee komen dat er iets niet in orde is aan hem.

Natuurlijk is een jong kind ook afhankelijk van liefde en aandacht en zal het alles doen om die te krijgen. Het leert dat het wordt gewaardeerd als het braaf is, goede cijfers scoort, er schattig uitziet of als het oplettend is, en dat zijn dingen die van levensbelang zijn voor een kind. Het groeit en wordt ouder, maar dit stempel is gezet.

Zo zijn er heel veel rollen die een kind zich tijdens zijn ontwikkeling eigen maakt en die het in het volwassen leven waardering opleveren. De aardige vrouw die altijd voor anderen klaarstaat, de succesvolle topmanager, de ambitieuze topsporter, de deskundige personeelsmanager – het zijn allemaal rollen die de mens bewust of onbewust bevestiging en liefde *van buiten* opleveren. Goed bekeken is het vaak nog het kind in ons dat denkt dat het die waardering van anderen net als vroeger nodig heeft om emotioneel eindelijk 'verzadigd' te worden.

Als je begint jezelf liefdevol te behandelen, kun je het innerlijke kind van die illusie ontdoen: neem gewoon jezelf bij de hand. Zo verbind je je bewust weer met je natuurlijkheid, je gevoelens en de impulsen die je misschien hebt onderdrukt omdat je je wilde aanpassen.

Zelfliefde komt automatisch als je jezelf wordt.

ER IS GENOEG LIEFDE VOOR IEDEREEN

De weg naar zelfliefde biedt de mogelijkheid om steeds vaker afscheid te nemen van de zoektocht naar liefde en waardering van buitenaf. Deze reis levert ook het verrassende inzicht op dat liefde, waardering en erkenning meestal al royaal aanwezig zijn, alleen misschien niet daar waar de meeste mensen zoeken.

Mensen gedragen zich vaak alsof liefde een afgebakend goed is waarvan je zo veel mogelijk moet krijgen. De liefde is bijna als een taart waar, nadat hij op tafel gezet is, in een mum van tijd niets meer van over is. Wat vind je van het idee dat je net zoals ieder ander mens echt een heel grote voorraad liefde in je bergt?
Hoe kom je daaraan, vraag je je misschien af? Wat moet je daarvoor doen? Maak je geen zorgen, het betekent niet dat je een spirituele kluizenaar moet worden die in lotushouding eenzaam maar gelukzalig op een bergtop zit, omdat hij gewoon zo heerlijk met zichzelf in harmonie is dat hij niets en niemand op de wereld verder nog nodig heeft. Integendeel: ware zelfliefde heeft iets authentieks, is met alles verbonden en heeft iets menselijks.

Het gaat er veel meer om dat je de natuurlijkheid van een jong kind weer in jezelf ontdekt en anders dan vroeger op meerdere vlakken tegelijk het volgende ervaart.

Ik ben volwassen en kan voor mezelf zorgen.

Probeer het eens vanuit dit perspectief te zien:
In mijn jeugd was alles anders en in de loop van de jaren ontwikkelde ik de rollen die ik nu speel. Maar nu beschik ik over andere mogelijkheden en wil ik nieuwe dingen leren. Ik ben niet meer afhankelijk van de liefde en waardering van anderen, zoals mijn partner, collega's, leidinggevenden, klanten of familie, zoals ik dat vroeger was. *Ik leer nu (weer) van mezelf te houden.*

MIJN VISIE OP ZELFLIEFDE

Geef je keuze voor meer zelfliefde nu concreet gestalte door een persoonlijke visie op zelfliefde te ontwikkelen. Je programmeert daardoor je innerlijke navigatie, hoe je toekomst eruit moet zien. Hoe ziet je leven eruit als je liefdevol met jezelf omgaat? Wat verandert er allemaal en waaraan merk je dat? Schrijf het uitvoerig op en geniet van het goede gevoel dat je daarbij ervaart!

GEVOELENS

Hoe voel je je met meer zelfliefde?

_____
_____
_____
_____

Hoe is die nieuwgevonden liefde merkbaar in het dagelijks leven?

_____
_____
_____
_____

ZELFBEELD

Hoe verandert je zelfbeeld (ook als je in de spiegel kijkt)?

_____
_____
_____
_____

Met welke mensen heb je contact en hoe?

_____
_____
_____
_____

ANKER VOOR ZELFLIEFDE

Oefening

Zodra je een heldere visie voor jezelf hebt ontwikkeld, kun je de volgende oefening doen om je te helpen je beslissing voor meer zelfliefde stevig in je onderbewustzijn te verankeren.

⟶ Bedenk om te beginnen een eenvoudig gebaar dat je altijd kunt maken (bv. je hand op je hart leggen) en een woord dat je persoonlijk associeert met zelfliefde. Dit gebaar en dit woord moeten goed bij je passen, want ze worden samen je persoonlijke anker. Dit is een heel eenvoudig, praktisch trucje om je in het dagelijks leven altijd weer te herinneren aan zelfliefde.

⟶ Je kunt het best thuis ongestoord een uurtje de tijd nemen voor jezelf en deze oefening:
Maak het je gemakkelijk. Misschien wil je in bad gaan en/of naar ontspannende muziek luisteren. Zo ontstaat een klein ritueel. Doe je ogen dicht en observeer een poosje hoe je in- en uitademt. Wanneer je merkt dat je heel langzaam tot rust komt, laat je het visioen langzaam levendig worden.

⟶ Stel je voor hoe je leven zou zijn als je van jezelf houdt, met alles wat en hoe je bent. Ongeacht met welk gevoel je 's morgens wakker wordt, kijk bewust en met een vriendelijke blik naar jezelf in de spiegel van de badkamer. Je houdt van wie je echt bent, ook met kleine rimpeltjes en vermoeide ogen. Je kent jezelf en je weet wat je nodig hebt om je prettig te voelen. Je hebt ervaren dat het leven niet altijd eenvoudig is, maar je hebt geleerd goed voor jezelf te zorgen. Zo goed, dat je ook in lastige situaties als een aardige vriend 'ja' tegen jezelf kunt zeggen. Dankbaar zie je ook hoe anderen jou vriendelijk benaderen en daarmee je nieuwe houding tegenover jezelf spiegelen.

*Neem met iedere cel in je lijf
waar wat dit beeld met
je lichaam en emoties doet!
Neem heel bewust waar
wat je op het emotionele vlak
ervaart en welke innerlijke
beelden je waarneemt,
en misschien ook andere
zintuiglijke indrukken!*

»——› Nu is het moment daar om die toestand heel bewust in jezelf op te slaan. Stel je voor dat je op de ontspanner van een fotocamera drukt. Voer op ditzelfde moment heel bewust je persoonlijke gebaar uit en zeg innerlijk het woord dat je als anker hebt bedacht. Zo verbind je gebaar, woord en aangename gevoelens in jezelf.

»——› Blijf even met al je aandacht hierbij, voel met al je zintuigen. Haal dan een paar maal diep adem en richt je aandacht langzaam weer op het hier en nu.

»——› Je hebt zojuist je persoonlijke anker voor zelfliefde geplaatst, dat je vanaf nu meteen kan herinneren aan je voornemen, net zoals een foto van iemand van wie je houdt die je uit je zak haalt en liefdevol bekijkt. Voer je gebaar uit, zeg inwendig *jouw* woord en neem waar wat je indrukken zijn.

Activeer je anker bij voorkeur elke dag: als je in de tram zit, tussendoor op kantoor, vlak voordat je in slaap valt...

VERANDER JE EIGEN PROGRAMMERING

Het onderbewustzijn, met zijn jarenlange overtuigingen en regels, is heel machtig. Als je niet begint het bewust te veranderen, blijft alles zoals het is. Maar wordt het aangepakt, dan holt de gestage druppel de steen uit.

Veranderen kan!

Zodra je ermee begint en jezelf toestemming geeft jezelf te zijn, kan het gevoel van (eigen)liefde automatisch in je groeien. Zodra je je gevoelens en behoeften de ruimte geeft – los van wat anderen denken – ruim je datgene op wat tussen jou en je zelfliefde staat.

Dit proces verloopt in kleine stapjes en met dagelijks oefenen. Hoe dat gaat, laat ik zien aan de hand van de oefeningen in dit boek. Regelmaat is belangrijk, de verandering moet immers blijvend zijn. Zo krijgt je systeem op emotioneel en lichamelijk vlak de gelegenheid zich aan het veranderde programma aan te passen. Doordat je jezelf op een liefdevolle manier serieus neemt, verbind je je weer met datgene waarmee je als jong kind verbonden was. Tegelijkertijd kan er ruimte voor iets nieuws ontstaan als de verwachtingen op andere punten bijgesteld worden.

> *Als je een tijdje zelfliefde hebt beoefend, ben je misschien heel verrast te merken dat je je 'tank' werkelijk zelf kunt vullen en daardoor onafhankelijker en vrijer wordt.*

Zo verging het ook Anne.

DE BRON VAN WAARDERING

Anne en Dirk zijn sinds twee jaar een stel en eigenlijk heel gelukkig – als zij zich maar niet zo zou vastklampen! Anne wil voortdurend aandacht en goedkeuring van Dirk, die veel van haar houdt. Haar

eisen benauwen hem echter steeds meer en steeds vaker ziet hij zich genoodzaakt afstand te nemen. Hij voelt zich overbelast en niet in staat aan haar wensen te voldoen.

Na een ruzie, waarna Dirk bijna had willen scheiden, lukt het Anne haar eigen verantwoordelijkheid voor haar leven en de liefde te ontdekken. Ze ziet opeens in dat ze geen ander mens kan 'opdragen' haar de liefde te geven die het haar kennelijk in haar leven ontbreekt.

'Ik moest opeens op mezelf terugvallen. In het begin wist ik niet precies wat ik moest doen, dus ging ik op zoek.' Ze komt in aanraking met het thema zelfliefde, leest er boeken over en oefent dagelijks een ritueel voor de spiegel dat je ook verderop in dit boek zult leren kennen. Veel van wat ze voorheen van haar partner verwachtte, kan ze nu gewoon zelf.

'Ik voel me alsof ik wakker geworden ben', vertelt ze een paar maanden later. 'Ik heb ontdekt dat ik alleen zelf de knop voor meer liefde in mijn leven kan omdraaien, iets dat ik voorheen altijd van Dirk verwachtte.'

Annes verandering had niet alleen een positief effect op haar relatie: 'Vroeger had ik altijd het gevoel dat ik iets van andere mensen nodig had. De laatste tijd zeggen anderen tegen me dat ik zo positief veranderd ben en willen ze weten hoe me dat gelukt is.'

IDENTIFICEER KRITISCHE STEMMEN

Ik vermoed dat ook jij een of ander kritisch, innerlijk stemmetje hebt dat helemaal niet zo vriendelijk voor je is. In de hoofden van de meeste mensen dwalen dat soort stemmetjes wel rond; ze lijken al bijna een eigen leven te leiden.

Komt een van de volgende zinnen je bekend voor?

⇢ Zoiets doms kan ook alleen mij maar gebeuren.
⇢ Lieve hemel, ik zie er vandaag echt niet uit!
⇢ Ik ben alweer tekortgeschoten.
⇢ Iedereen is beter dan ik.
⇢ Wat ben ik dik/oud/traag/grijs/lelijk geworden.
⇢ Ik verdien ook niet beter.
⇢ Mijn lichaam is een ramp.
⇢ Nu krijg ik ook nog rimpels.
⇢ Ik heb gewoon geen discipline.
⇢ Ik moet meer presteren, meer afvallen, meer succes boeken.
⇢ Ik ben niet goed genoeg.
⇢ Ik ben niet sympathiek.
⇢ Ik ga het nooit redden.

Zwart op wit op papier is het nog veel duidelijker hoe onvriendelijk die zinnen eigenlijk zijn, nietwaar? De kritische stemmetjes in ons hoofd hebben vaak bijna iets vernietigends. Maar wees gerust: deze negatieve suggesties, verwijten en commentaren kunnen met een beetje oefening veranderd worden. In de eerste plaats is het belangrijk dat je je individuele verhaal begrijpt. Kijk daar eens iets beter naar. Ik ben ervan overtuigd dat het je kan helpen om zelfsabotage de wind uit de zeilen te nemen.

DE INNERLIJKE CRITICUS

Om je op het leven voor te bereiden, hebben je ouders je in de loop van je ontwikkeling een beeld gegeven van wat in hun ogen juist en onjuist was. Een dergelijke programmering die wordt gevoed met ervaring, heeft zeker zin om je in het dagelijks leven te kunnen handhaven. Deze voorstellingen hebben zich in een mens geconsolideerd door lof en kritiek. Had je je in de ogen van je ouders onbehoorlijk gedragen, dan kreeg je verwijten, kritiek, soms ook straf of minachting.

Natuurlijk hield je je aan de ge- en verboden van je ouders, omdat je door niets en niemand hun waardering en liefde kwijt wilde raken. Dit was het uur waarin je innerlijke criticus werd geboren. In je eerste levensjaren wilde die je ervoor behoeden 'van het rechte pad te raken' doordat hij als een kompas zei: 'Pas op: dit mag en dat mag je niet.'

Langzamerhand echter kreeg je, afhankelijk van de veelvuldigheid en intensiteit van de ouderlijke kritiek, mogelijk toch de indruk dat er iets met jou niet klopte. Ook al was het opvoedkundig doel misschien anders, toch ontstond makkelijk de indruk dat je niet lief was als je je niet op de gewenste manier gedroeg.

Omdat kinderlijke indrukken zo diep en intens zijn, verdwijnt de innerlijke criticus natuurlijk ook niet opeens op volwassen leeftijd. Waar dit innerlijk orgaan vroeger misschien wel zin gehad heeft, kan het later uiterst onaangenaam knagen aan je zelfwaarde en daarmee je zelfliefde in de weg staan.

> *De volgende keer dat je het kritische stemmetje in jezelf hoort, stop dan even en reflecteer: Wat zeg ik daar nu eigenlijk tegen mezelf? Of vraag je af: Herken ik nu echt mijn moeder of mijn vader in deze uitspraak?*
>
> *Gun jezelf dan een moment met jezelf. Stel je het jonge kind in jezelf voor, dat de liefde van zijn ouders niet kwijt wil raken. Houd jezelf voor: 'Ik heb destijds deze uitspraak als leidraad genomen omdat ik, net als alle kinderen, wilde dat mijn ouders van me zouden houden. Ik moest wel zo denken. Nu ben ik volwassen en kies ik voor zelfliefde.*

Als je de innerlijke criticus als zodanig beschouwt, geeft dat vaak opluchting. De identificatie met de onvriendelijke veroordeling van jezelf wordt minder, omdat je ontdekt dat dit stemmetje slechts een deel van jou is naast vele andere positieve delen die nog ontdekt willen worden!

GADESLAAN EN WAARNEMEN

Het leven is hier en nu en in theorie weet iedereen dat wel. Er is echter het moderne dagelijks leven met eindeloos veel afleidingsmogelijkheden, is het niet?

Niet alleen de smartphone, internet en sociale netwerken leiden je aandacht al te vaak af van het huidige moment, ook zijn er ontzettend veel persoonlijke strategieën om je beter te voelen. Daarmee bedoel ik het gedrag dat je aan de dag legt om iets bepaalds niet te voelen, troosters van de ziel die in te grote hoeveelheden zeker niet nuttig zijn, zoals veel chocolade naar binnen werken, eten in het algemeen of elke vorm van afleiding.

Maak je geen zorgen, ik ga je niet voorstellen om alles vanaf nu meteen af te zweren! Een heel goede stap op weg naar zelfliefde is wel dat je bewust waarneemt wat er op dit moment gebeurt.

DE INNERLIJKE WAARNEMER

Daarom maak je nu kennis met een nieuwe begeleider: je innerlijke waarnemer. In tegenstelling tot je innerlijke criticus is hij je onvoorwaardelijk goedgezind en fungeert als jouw persoonlijk assistent. Dit innerlijk orgaan helpt je jezelf in het dagelijks leven beter te voelen en dichter bij jezelf te komen. Je kunt je de innerlijke waarnemer voorstellen als een camera die heel betrouwbaar filmt wat er op dat moment gebeurt zonder er een waardeoordeel aan te hangen. De camera registreert je lichamelijke waarnemingen, je gevoelens en je gedachten zonder zich daarmee te identificeren. Het goede daaraan is dat je je met zijn hulp op elk moment met jezelf kunt verbinden en met je aandacht weer in het hier en nu kunt komen.

De innerlijke waarnemer is goud waard. Het kan echter ook zijn dat je zelf gaat voelen wat je daarvoor misschien hebt vermeden, bijvoorbeeld vermoeidheid of onaangename gevoelens. Op zo'n moment is het belangrijk dat je gewoon vriendelijk voor jezelf blijft. Denk aan het weer: soms regent het even, dat hoort bij het leven.

Als het je lukt zonder waardeoordeel waar te nemen, is dat een oefening in zelfacceptatie, het voorstadium van zelfliefde.

IN HET HIER EN NU KOMEN

Neem tussendoor gewoon eens vijf minuten de tijd om innerlijk naar de waarnemingsmodus te wisselen. Zet al zittend je voeten heel stevig en plat op de grond en neem de tijd om het verschil met de voorgaande situatie te voelen. Als je wilt, sluit je even je ogen en voel je bewust de rest van je lichaam.

★ Hoe voelen je armen en benen? En hoe je rug?
★ Hoe ervaar je je kaken en je mond? Je schouders?
★ Voel je de rugleuning van je stoel en de grond onder je voeten?
★ Is er iets in je lichaam dat positief de aandacht vraagt? Misschien een warme tinteling in je handen of een gevoel van energie in je benen?
★ Wat gebeurt er op het gebied van gedachten en emoties?

Probeer je gevoelens en je gedachten, ook al zijn ze niet zo rustig, zo veel mogelijk neutraal waar te nemen zonder je er al te veel mee te identificeren, alsof je vanaf een afstand naar een levendige stad kijkt. Je neemt alles waar wat er gebeurt, maar je zit niet zelf midden in het tumult. Dat helpt om aanwezig te zijn en innerlijke rust te vinden. Houd een deel van je aandacht daarop gericht terwijl je langzaam je ogen weer opendoet.

Als je merkt dat je waarneming zich uitsluitend op de buitenwereld, het verleden of de toekomst richt, ga dan een paar minuten in de waarnemingsmodus. Je zult op positieve wijze verrast zijn!

DE FAMILIE VAN ZELFLIEFDE

Praktische tips

Om goed te kunnen begrijpen wat allemaal behoort tot zelfliefde, vind je hieronder een beknopt overzicht met praktische tips. Stel je voor dat al deze elementen onderdeel zijn van een groot geheel. Hoe vaker je ze in het dagelijks leven toepast, des te dichter kom je bij zelfliefde.

Accepteer jezelf

★ Bepaalde delen van jezelf zul je waarschijnlijk leuker vinden dan andere, dat is heel normaal. Je hoeft niet van alles aan jezelf te houden. Het is misschien realistischer om sommige dingen eerst gewoon eens te accepteren. Jezelf accepteren is eigenlijk het voorstadium van zelfliefde.

Zeg in jezelf 'oké' tegen wat je niet zo aanstaat en stel je dan in gedachten in elk geval voor dat je een klein vinkje zet, ook al is er echt niet meer mogelijk. Dat is in elk geval beter dan jezelf veroordelen of met jezelf ruziën.

Leef mee met jezelf

★ Je leeft vast weleens mee met andere mensen in nood, toch? Datzelfde verdien jij ook! De Amerikaanse psychologe Kristin Neff heeft ontdekt dat je deze empathie voor jezelf langzaam kunt uitbouwen door de volgende drie stappen te volgen. Probeer ze eens als je de volgende keer snakt naar medeleven.

Neem met behulp van je innerlijke waarnemer waar wat er is.

Wees je ervan bewust dat elk mens soms lijdt en dat dat precies is wat alle mensen met elkaar verbindt.

Wees vriendelijk voor jezelf.

Wees vriendelijk voor jezelf

⭐ In het woord 'vriendelijkheid' zit het woord 'vriend'. Zelfliefde kan je helpen jezelf met net zo veel waardering te behandelen als een dankbare vriend dat zou doen. Dat geldt vooral voor die momenten waarop je kwaad op jezelf bent.
Als je feiten met humor wilt verbinden, stel dan jezelf gewoon voor dat op dat moment je innerlijke criticus met een knipoog zijn mond dichthoudt. Dat kan de situatie ontspannen.

Zorg voor jezelf

⭐ Het is een heerlijk gevoel als er voor je gezorgd wordt. Met hetzelfde bewustzijn waarmee een moeder haar kind verzorgt, kun jij ook jezelf goed verzorgen. Kook je lievelingseten, zorg voor je lichamelijk welzijn, wees voor jezelf net zo liefdevol als je voor een kind zou zijn. Je innerlijk zal opbloeien als je het zo behandelt!

Waardeer jezelf

⭐ Waardering voor jezelf is heel nauw verbonden met zelfliefde en ze vergroot naarmate je van jezelf kunt houden en jezelf kunt waarderen. Herinner je je de slogan 'Want ik ben het waard'? Die biedt een geweldige mogelijkheid om het gevoel van eigenwaarde te versterken. Je kunt jezelf ondersteunen doordat je innerlijk deze of een soortgelijke formulering toepast bij allerlei gelegenheden: Ben ik het waard om vandaag precies op tijd te stoppen met werken? of: Omdat ik het waard ben, doe ik nu wat ik wil.
Natuurlijk wordt het gevoel van eigenwaarde heel sterk beïnvloed door waardering van buitenaf. Op de weg naar eigenwaarde ga je ontdekken dat de waarde die je jezelf geeft, ook de waarde beïnvloedt die de mensen rondom je in jou zien.

Emancipeer jezelf

⭐ Het begrip 'emancipatie' gaat over macht en mondigheid – in de positieve zin. Je geeft ermee aan dat je goed bent zoals je bent en dat je het recht hebt om te handelen zoals jij dat wilt. Begin met kleine dingen door steeds vaker uit te spreken en te doen wat jij denkt en voelt. Maak je sterk voor je eigen waarheid! Daardoor groeit je innerlijke zekerheid en dan ga je langzamerhand ook bij belangrijker aangelegenheden jezelf laten gelden, bijvoorbeeld in je gedrag. Voorbij is de tijd van jezelf wegcijferen. Bevrijd jezelf en laat jouw licht ook eens schijnen!

DE WEG NAAR ZELFLIEFDE

1
Zelfliefde kun je leren
Wat je verleden ook is en waar je ook staat in het leven: ieder mens kan leren zichzelf liefdevol en met respect te behandelen. Begin vandaag meteen – het is de moeite waard!

2
Neem zelf de verantwoordelijkheid, op een vriendelijke manier
De keuze voor zelfliefde betekent dat je je welzijn in eigen hand neemt en onnodige verwachtingen bij anderen wegneemt. Dat geeft een nieuwe luchtigheid en het leven zal je erbij helpen!

3
Er is genoeg liefde voor iedereen
Het is een wijdverbreide vergissing dat het in het leven gaat om liefde van buitenaf, van anderen. Op de weg naar zelfliefde ga je ontdekken dat er altijd en overal genoeg liefde aanwezig is in jezelf en rondom jezelf.

4
Verander je programmering
Zelfliefde is veel meer dan een idee, het is eerder een levenslange en zeer effectieve attitude. Om ervoor te zorgen dat je op ieder vlak een positieve verandering kunt realiseren, moet je deze houding *dagelijks* oefenen. Je zult zien dat het voelt als nieuw en tegelijkertijd aangenaam. En oefening baart kunst. Zo kun je langzamerhand op emotioneel en lichamelijk vlak en nog bewuster oude programma's veranderen.

5
Ontmasker je innerlijke criticus
De meeste mensen kennen kritische en oordelende stemmen. De innerlijke criticus is in je jeugd ontstaan en wilde je destijds behoeden voor fouten. Vandaag de dag is hij vaak iets minder dienstbaar. Bekijk hem gewoon terwijl je je er volop van bewust bent dat hij onderdeel van jou is. Daardoor wordt zijn invloed minder.

6
Waarnemen en voelen brengt je in het hier en nu
Om dichter bij jezelf te komen, is het heel belangrijk om goed in het huidige moment te staan. De sleutel daartoe is je eigen lichaam. Ga rechtop zitten, zet je voeten stevig op de grond en sluit je ogen een paar minuten. Voel je lichaam, neem je gedachten en gevoelens waar. Neutraal waarnemen is daarbij veel beter dan beoordelen.

Tweede hoofdstuk

Zeg 'ja' tegen jezelf: een nieuwe manier van contact

In dit hoofdstuk leer je

waarom een vriendelijke omgang met je gevoelens
je zelfliefde in de hand werkt,

⇢

hoe je omgaat met behoeften,
grenzen en ruimte,

⇢

hoe je betrouwbaar 'ja'
en 'nee' kunt zeggen en

⇢

wat je dankzij
waardering wint.

LICHT EN SCHADUW

Het is relatief eenvoudig om jezelf aardig te vinden als binnen en buiten de zon schijnt. Blijdschap, succes en een positieve uitstraling zijn prettig en als je ook bij anderen goed ligt, denken we dat we ons sympathiek maken. Dus houden we ook eerder van onszelf als we goedgehumeurd zijn en het leven succesvol de baas zijn. Als er wolken aan onze persoonlijke gevoelshemel verschijnen, wordt het echter moeilijker – maar ook interessanter.

Hoe ga je met jezelf om als je je boos, gefrustreerd of verdrietig voelt? Hoe lukt het je je negatieve kanten te aanvaarden en daarbij vriendelijk te blijven? Hier ligt de sleutel tot de ware zelfliefde verborgen.

ZEG 'JA' TEGEN JEZELF

Goede en slechte tijden horen bij het leven zoals zon en regen bij het weer. Zo gaat het ook met aangename en onaangename gevoelens, die ieder mens wel kent, en met sterkten en zwakten, met alle lichte en donkere kanten van onze persoonlijkheid. Het hele leven bestaat uit polariteiten, en elke tegenstelling heeft haar betekenis. Wat zou de dag zijn zonder de nacht? Hoe zou de wereld eruitzien als we geen verschillende geslachten hadden? Zou intense vreugde wel mogelijk zijn als niet af en toe het tegendeel bij het leven komt kijken?

Tegenstellingen maken het leven pas echt levendig.

De mens heeft de gewoonte veel dingen te beoordelen en in 'goed' en 'slecht' te verdelen. Dat kan soms handig zijn, maar met betrekking tot zelfliefde staan we onszelf daardoor wel in de weg. De achterliggende wet is heel gemakkelijk.

Hoe sterker je iets ontkent en bestrijdt, hoe meer weerstand je opbouwt – waarmee je jezelf blokkeert. Hoe meer je je van iets los wilt maken, hoe meer het je bij zal blijven.

Daarom is vriendelijk accepteren de beste manier om harmonie in jezelf te vinden. Sommige dingen kun je niet veranderen, maar je kunt wel proberen ze te accepteren. Daardoor kom je al een stukje dichter bij zelfliefde.

Klinkt dat gemakkelijker gezegd dan gedaan? Ik weet wat je bedoelt. Neem echter van mij aan dat het de kleine stapjes zijn die je bij het doel brengen. Niet zelden ligt daar een schat verborgen, die je pas kunt ontdekken als je je met je 'onbeminde' kant hebt beziggehouden.

> *Ben je klaar voor een klein experiment? Het gaat erom hoe 'ja' en 'nee' in jezelf aanvoelen. Leg dit boek even weg, stop even met alles en doe je ogen dicht. Zeg heel zacht in jezelf 'ja' en kijk wat er in jezelf gebeurt. Hoe reageer je lichamelijk en emotioneel? Misschien voel je iets als zachtheid of ruimte of iets anders.*
> *Herhaal dit met 'nee'. Wat voel je nu? Let er de komende tijd eens goed op hoe je lichamelijk reageert op 'ja'- en 'nee'-beslissingen. Neem er extra veel tijd voor om te ontdekken hoe het 'ja' tegen jezelf voelt.*

FOCUS JE OP JE HULPBRONNEN

Als je wat zelfverzekerder bent, is het natuurlijk veel makkelijker om iets ter harte te nemen en 'ja' tegen jezelf te zeggen. Je bewust zijn van al je hulpbronnen – dus je persoonlijke sterkten, lieve mensen in je omgeving, bezigheden die je plezier opleveren – is als een volle tank die je de nodige brandstof voor je leven levert.
Dat geldt vooral als het eens even misgaat of als het tijd is om vriendelijk te zijn voor jezelf.

Op de weg naar zelfliefde gaat het erom dat je je hart openstelt voor jezelf en voor alle geschenken die het leven dagelijks voor je klaar heeft staan. Als je je focus richt op alles wat je goed doet, de mensen die van je houden en alles wat je met dankbaarheid vervult, dan bereik je meteen diverse positieve effecten.

★ Je verstevigt je basis en je wordt je bewust van je innerlijke én je uiterlijke ruggensteunen.
★ Je 'glijdt' van je hoofd in je hart, de plek van begrip.
★ Je krijgt de noodzakelijke energie om dat te helen wat je zelfliefde (nog) in de weg staat.
★ Je bewustzijn concentreert zich op de kwaliteit overvloed in plaats van op gebrek.
★ Je stemming verbetert.
★ Dankbaarheid versterkt zelfs het afweersysteem en heeft een positief effect op het hart en de bloedsomloop.

Hulpbronnen zijn emotionele tankstations. Bij het woord 'bron' kun je je heel eenvoudig alles voorstellen dat je energie geeft en noodzakelijk is voor je gezondheid en je welzijn: je familie, de natuur, sport, je favoriete hobby, creativiteit... en natuurlijk lekker eten.
Een auto moet naargelang de mate waarin hij wordt gebruikt vaker worden bijgetankt, want anders komt hij niet meer vooruit. Zorg ervoor dat het meterpijltje van jouw tank altijd boven de helft blijft en let goed op jezelf!

ONTDEK DANKBAARHEID

Het geschreven woord heeft een verbazingwekkend effect. Noteer hierna alles wat je in je leven kracht en plezier bezorgt en waarvoor je dankbaar bent. Houd rekening met elk levensgebied en vergeet ook de kleine dingen niet!

KRACHTBRONNEN

Wat is je voornaamste energiebron?
Waar krijg je energie van?

_____

_____

_____

_____

_____

HULPBRONNEN

Schrijf hier alles op wat je fijn vindt
(bv. hobby's, vrienden, natuur, kunst)

_____

_____

_____

RUGGENSTEUNEN

Voor welke mensen in je leven ben je
dankbaar? Op wie kun je rekenen?

_____

_____

_____

VERWELKOM JE GEVOELENS

Wat zou het leven zijn zonder de vele gevoelens die we ervaren? Of je nu een hoofd- of een hartmens bent, emotioneel of eerder rustig van aard, gevoelens zijn de wortels van het leven. Ze kunnen voor vitaliteit zorgen, maar soms ook voor het tegendeel – het ligt eraan hoe je ermee omgaat.

Ieder aangenaam gevoel heeft een tegenstelling die we vaak als 'negatief gevoel' betitelen en daarom afwijzen. Somber is de tegenpool van vrolijk, angst staat tegenover de kwaliteit vertrouwen en woede vormt een tegenstelling tot liefde.

Is het je weleens opgevallen dat de 'mooie' gevoelens pas door een tegenstelling goed aanvoelen? Je hebt vast ook weleens meegemaakt hoe heerlijk het is om je te verzoenen na een fikse ruzie of hoe opgelucht je kunt zijn na een goed bericht waar je met angst en beven op wachtte. Na een lange, koude winter is het warme, zonnige voorjaar zo aangenaam!

Veel mensen ontdekken na een persoonlijke crisis een heel nieuw soort levensvreugde en dankbaarheid, een euforie die ze niet zouden hebben ervaren zonder een persoonlijk dal.

ALLE GEVOELENS HEBBEN EEN REDEN

Ik wil je aanmoedigen echt al je gevoelens te accepteren, vreugde maar ook verdriet. Net als de jaargetijden en het weer heeft ook elke emotie haar reden en haar boodschap. Niet zelden verbergt zich achter een gevoel de behoefte om gezien en gehoord te worden.

'Ja' zeggen tegen mijn emoties was in mijn eigen leven de belangrijkste stap op weg naar meer zelfliefde. Gek genoeg was het juist de regen die ik nodig had, hoewel ik zonneschijn had besteld.

Toegegeven, het is soms niet makkelijk om je gevoelens te accepteren. Maar ook als het je maar een klein beetje lukt om een ongewenst gevoel welkom te heten en ermee in contact te komen, kom je al een stukje dichter bij jezelf en daarmee ook bij zelfliefde.
Op lichamelijk vlak betekent dit dat je voelt waar het wringt of blokkeert en die plek dan ruimte te geven, misschien zelfs je ademhaling daar naartoe te leiden. Dan gebeurt er vaak iets verbazingwekkends, niet zelden zelfs het tegendeel van wat je misschien gevreesd had: het gevoel vindt een manier om zich uit te drukken, een uitlaatklep. Misschien moet je huilen of word je boos, maar in elk geval kan je lichaam zich ontladen en ontspannen. Gevoelens die je niet wilt voelen lijken meestal erger dan ze in werkelijkheid zijn. Het in gezonde mate voelen van emoties verbindt je met je hart en dan voel je je veel completer en vitaler.

Als je jezelf toestaat om je gevoelens heel bewust te voelen en uit te drukken, kunnen blokkades verdwijnen. Dat maakt het makkelijker om van jezelf te houden. Ook omgekeerd geldt dat verband: als je van jezelf houdt, ben je het waard je gevoelens te uiten.

Je komt lichamelijk en emotioneel op dreef: de basis voor een positieve verandering. Dat zie je in het volgende voorbeeld van een cliënte die haar woede ontdekte.

*Katrien is begin veertig en een heel creatieve, sympathieke wereldverbeteraar. Ze wilde haar liefdesleven eens onder de loep nemen, omdat ze na een grote teleurstelling niets liever wilde dan een gelukkige relatie. Vrij snel kwamen oude gevoelens als pijn en verdriet naar boven, die ook in de relatie steeds weer waren opgedoken. Aanvankelijk wilde Katrien zich daarmee niet bezighouden, maar ze voelde al snel dat ze door de hernieuwde kennismaking met die gevoelens dichter bij zichzelf kwam. Enige tijd later vertelde ze me dat ze opeens heel veel woede had gevoeld, die ze enerzijds had omgezet in lichamelijke beweging en anderzijds in een heldere balans van haar contacten. Haar leven was nu op het punt dat ze opnieuw kon kiezen en ze voelde steeds duidelijk wat haar werkelijk goeddeed.
Nadat ze het had aangedurfd met kleine stapjes ook minder aangename gevoelens toe te laten, leidde dat tot nieuwe helderheid en zelfbewustzijn.*

EEN SCHATKAART VAN GEVOELENS

In al onze gevoelens liggen onvermoede schatten verborgen, die ons op onze weg naar zelfliefde verder willen brengen. Zelfliefde kun je echter alleen maar ontdekken als je je openstelt voor die gevoelens, ieder op zijn eigen manier en in zijn eigen tempo.

Naast vreugde en zorgeloosheid zijn ook emoties als angst, verdriet en boosheid wegwijzers naar onszelf. Bij wie positief tegenover het leven staat, kunnen deze gevoelens verandering en nieuwe energie brengen, die hierin vastzat. Hier een paar mogelijke boodschappen die achter basisemoties schuil kunnen gaan.

Woede
⭐ Een sterk gevoel dat je kan helpen emotioneel in je kracht te komen. Woede wordt vaak vermeden omdat die, als die onbewust wordt geuit, schade kan aanrichten. Als je jezelf echter toestaat bewust je boosheid en de rechtvaardigheid ervan te voelen, heb je daarin een krachtige motor die je innerlijke balans zou kunnen herstellen. Dat geldt vooral voor mensen die graag onzelfzuchtig en lief willen zijn en zich vaak wegcijferen. Veel mensen komen dan tot de verrassende ontdekking dat met behulp van een passende uitlaatklep hun lang onderdrukte woede de relatie met henzelf duidelijk verbetert en er eindelijk een gevoel van zelfliefde kan ontstaan.

Liefde
⭐ Deze hoogste van alle gevoelens laat altijd zien wanneer je op de juiste weg bent. Liefde geeft openheid en verbinding, niet alleen naar jezelf toe maar ook naar anderen. Ook al voel je het niet zo vaak, het is er altijd, net zoals de zon vaak achter de wolken verborgen blijft en je haar niet kunt zien. Soms helpt een onweer de lucht te klaren; zo helpt woede weer liefde te voelen. Iedereen heeft een persoonlijk kompas dat kan leiden tot (eigen)liefde: het hart! Een open en gevoelig hart is de beste voorwaarde voor een gelukkig en vol leven, dat wordt bepaald door sympathie voor anderen en voor zichzelf.

Verdriet

⭐ Verdriet wordt vaak onderdrukt omdat het in verband gebracht wordt met moeilijkheden. Maar misschien heb je ook weleens gevoeld hoeveel opluchting huilen kan opleveren? Ik vergelijk tranen graag met regen. Regen heeft iets reinigends, iets zuiverends. Doorleefd verdriet kan je helpen je pijn te genezen en daardoor de weg naar nieuwe zelfliefde te vinden. Sluit je hart niet uit bescherming, maar open het door je gevoelens de nodige ruimte te geven, zodat ze echt gevoeld kunnen worden.

Vreugde

⭐ Vreugde voelt heerlijk licht. Het is als een brandstof waarmee je vrolijk door het leven kunt gaan en die jou, je werk en je relaties iets luchtigs geeft. Vreugde ontstaat door een ontspannen gevoel in het moment. Al het andere is op dat ogenblik onbelangrijk, want in een prettige toestand ben je helemaal in het hier en nu. Als de vreugde in je leven op dit moment ontbreekt, kan het goed zijn om je met je verdriet bezig te houden. Alleen als dat ook bevestigd wordt, kan er weer ruimte voor vreugde ontstaan!

Angst

⭐ Het is belangrijk om te begrijpen dat ons systeem ons door angst en door in alarmtoestand te verkeren eigenlijk wil beschermen en wil bereiken dat we overleven. Omdat de mens in de moderne tijd de relatie met heel natuurlijke biologische reacties als strijd, vlucht en verstarring verloren heeft, is het moeilijk om begrip te hebben voor onze angsten. Daarbij is er altijd een (soms verstrekkende) reden voor angst en is het goed om die te ontdekken.

In de zin van zelfliefde kan het helpen om je het jonge kind in jezelf voor te stellen. Als een kind bang is, troosten we het uiteraard – waarom dan niet ook ons eigen innerlijke kind?

Vertrouwen

⭐ Vertrouwen voelt in tegenstelling tot angst aangenaam en veilig. Controle wordt onbelangrijk, zodat je kunt loslaten en ontspannen en vaste grond onder je voeten kunt voelen. Vertrouwen schenkt houvast en geborgenheid. Met betrekking tot zelfliefde is vooral vertrouwen in je eigen talenten heel belangrijk. Wees je bewust van wat je in je leven allemaal al op poten hebt gezet!

VOEL EN BELEEF JE EIGEN BEHOEFTEN

Zelfliefde betekent dat je je bewust bent van je eigen behoeften en dat je goed voor jezelf zorgt. Hierbij wil ik je uitnodigen om eens heel goed naar je behoeften te kijken. Vandaag de dag gaat veel namelijk heel snel, waardoor mensen vaak de tijd niet nemen om te voelen wat echt nodig is.

Als sporttherapeute heb ik vroeger heel lang patiënten met herniaproblemen begeleid. Door hun pijnlijke rug stonden ze tijdelijk op non-actief. In de meeste gevallen bleek dat deze mensen overbelast waren en niet gelukkig in hun werk en hun privéleven. Ze zagen echter geen mogelijkheid om hier verandering in te brengen en zo voor hun welzijn op te komen. Het lichaam nam dan maar de leiding over en maakte zo de behoefte aan werkvermindering kenbaar. Zagen de patiënten dit in, dan ging het daarna meestal al beduidend beter met hen.

Soms komen de eigen behoeften ook helemaal niet voor het voetlicht, omdat er nooit ruimte voor is. Ze liggen verborgen onder een laag van afgewezen gevoelens. Het voelen daarvan zou heilzaam zijn omdat de eigenlijke behoefte zo aan het licht kan komen. Zo kan achter woede de behoefte aan gezonde grenzen schuilgaan of achter pijn de wens om nabijheid en houvast. *Met groeiende zelfliefde ga je je gevoelens duidelijker voelen en kun je je behoeften in de spiegel van je medemens steeds duidelijker onderscheiden.*

WAT HEB IK NODIG?

Eigen wensen worden in het dagelijks leven vaak genegeerd om het anderen naar de zin te maken: de partner, de leidinggevende, de familie. Dat is bewonderenswaardig, maar als je tegelijkertijd het innerlijke stemmetje negeert, neem je jezelf niet serieus genoeg! Het heeft iets te maken met eigenwaarde als je onderzoekt wat echt waar is en wat niet en dit naar buiten te brengen. Gun het jezelf daarom vanaf vandaag om naar jezelf te luisteren en voor je behoeften te kiezen, zowel in je werk als privé waar het gaat om activiteit en om rust, lichamelijk en mentaal.

WAT HEB IK PRECIES NODIG?

Noteer alles wat in je gedachten komt en wees eerlijk tegenover jezelf, vooral waar het gaat om aspecten die tot nu toe misschien tekortgekomen zijn. Bekijk ook in welke omvang je een behoefte vervuld wilt zien.

LICHAAM

Voor mijn lichamelijk welzijn heb ik nodig:

_____

_____

_____

VRIJE TIJD

Om me prettig te voelen, heb ik nodig:

_____

_____

_____

WERK

Om me prettig te voelen, heb ik nodig:

_____

_____

_____

RELATIES

In relationeel opzicht heb ik nodig:

_____

_____

_____

STEL GRENZEN

Zelfliefde betekent ook dat je je persoonlijke grenzen kent en die rustig maar heel vastberaden verdedigt. Dan heb je namelijk voldoende ruimte, voel je je prettig en veilig. Als grenzen worden overschreden, brengt dat juist een gevoel van ongemakkelijkheid, vaak zelfs gevaar.

Denk eens aan ruzies en oorlogen: in veel gevallen gaat het om grensconflicten en het handhaven van de eigen positie. Ook in het dierenrijk worden grenzen uiteraard verdedigd.

> Gezonde grenzen zijn een basisbehoefte en ervoor opkomen is heel natuurlijk.

Waarom vinden zoveel mensen het dan moeilijk om hun grenzen te stellen? Of om rekening te houden met de grenzen van anderen?
Dat komt omdat iedereen uiteraard zijn persoonlijke 'grenservaringen' meebrengt en vaak in een later leven gelijke ervaringen heeft. Zijn bijvoorbeeld de grenzen van een mens in de loop van zijn ontwikkelingsproces steeds weer overtreden, dan heeft die persoon in zijn eigen waarneming nooit het recht kunnen verwerven om 'nee' te zeggen.
Maar net zoals de mens zelfliefde kan leren, is hij ook in staat zich een bewust omgaan met grenzen eigen te maken, bijvoorbeeld door een verbeterde zelfwaarneming en een bindend 'ja' en 'nee'. Het is daarom belangrijk dat je je bewust wordt van het volgende.

> Als je door of voor een ander voortdurend over je eigen grenzen gaat, dan stel je de behoefte van die ander boven jouw eigen behoefte en berokken je jezelf schade.

'JA' EN 'NEE' ZEGGEN

Virginia Satir, een gezinstherapeute, heeft dit verband onder woorden gebracht met het beeld van een medaillon dat ze in gedachten rond haar nek kan hangen. Op de ene kant staat in prachtige letters:

'Ja. Dank je wel dat je rekening met me gehouden hebt. Wat je van me vraagt, past me op dit moment en daarom is dit mijn antwoord.'

Op de andere kant staat:

'Nee. Dank je wel dat je rekening met me gehouden hebt. Maar wat je van me vraagt, past me op dit moment niet en daarom is dit mijn antwoord.'

Met het medaillon rond je nek kun je het draaien overeenkomstig met jouw innerlijke waarheid. Zo klopt het voor jou en daardoor brengt het ook bindend jouw gevoel tot uitdrukking. Als je bijvoorbeeld tegenover de ander een eerlijk 'nee' laat horen, sta je daarmee in voor jezelf, want de kant van het medaillon met 'ja' erop rust tegelijkertijd op jouw borst.

GEZONDE GRENZEN

★ Intermenselijk: als iemand zich tegenover jou te nieuwsgierig, te opdringerig of te bemoeizuchtig gedraagt, aarzel dan niet om je grenzen, in de zin van je zelfliefde, af te bakenen.

★ Lichamelijk contact: wie mag, in de zin van jouw welzijn, hoe dicht bij jou komen? Door wie zou je je bijvoorbeeld laten omhelzen en bij wie houd je het liever bij een formele handdruk?

★ De persoonlijke belastingsgrens: durf je het te zeggen wanneer iets je te veel wordt? Denk de volgende keer aan je zelfliefde en zorg goed voor jezelf.

★ Ruimtelijke grenzen: deze grenzen zijn belangrijk en terecht. Soms wil je gewoon de deur dichtdoen om met rust gelaten te worden. Ook het hekje dichtdoen tussen jouw tuin en die van een praatgrage buur is gerechtvaardigd.

NEEM DE RUIMTE

Net zoals je het recht hebt om je persoonlijke grenzen vast te leggen, mag je ook de ruimte nemen die je nodig hebt. Zelfliefde kun je ontplooien als je voldoende ruimte in je leven hebt om je prettig te voelen en je te uiten.

Stel je voor dat je in een vliegtuig zit. In plaats van op een klein stukje bij elkaar gepakt, is het vast veel prettiger om in de businessclass te zitten, waar je je ook af en toe kunt uitrekken.

De noodzaak van eigen ruimte doet zich op veel vlakken voor: lichamelijk, emotioneel en op het gebied van de eigen behoeften en creativiteit, want elk mens heeft ruimte nodig om zich te kunnen ontplooien. Natuurlijk heeft de persoonlijke ruimte ook grenzen, namelijk daar waar de ruimte van de ander begint. Veel mensen zijn het echter niet gewend om een dergelijke ruimte voor zichzelf op te eisen. Als je nogal verlegen of bescheiden van aard bent, vraag je je misschien af of dat wel echt mag.

Maar dat mag wel degelijk! Denk eens terug aan de slogan uit het eerste hoofdstuk: ben jij het waard om op een gezonde, passende wijze ruimte voor jezelf te nemen? Als je met tact je eigen behoefte aan ruimte en grenzen aangeeft, dan zul je dat ook bij anderen waarnemen en het voelen als er voor de ander iets niet klopt.

Gun jezelf op het vlak van je zelfliefde je persoonlijke businessclass: ontdek hoeveel ruimte je lichamelijk en mentaal nodig hebt.

Daar past het verhaal van Louise goed bij. Ze was eind vijftig toen ze deelnam aan een van mijn ontspanningscursussen. Al jaren verzorgde ze haar zieke echtgenoot en ze wilde nu even iets voor zichzelf doen, iets dat ze in haar leven nauwelijks kende. Naast haar privésituatie, die haar vaak tot de grens van haar mogelijkheden bracht en die niet veel ruimte voor haar eigen behoeften liet, voelde ze zich ook in haar werk niet prettig en echt opgesloten.

Ze gaf toe dat het opluchtte dat ze er in de cursus over kon praten. Toen ze kort daarna naar een andere werkomgeving overstapte, kon ze lichamelijk en mentaal heel opgelucht ademhalen. Eindelijk had ze de ruimte gevonden die ze nodig had voor haar innerlijke en uiterlijke balans. Daarmee kon ze belangrijke stappen zetten in de richting van zorgen voor zichzelf.

PERSOONLIJKE RUIMTE HEEFT VEEL GEZICHTEN

In de letterlijke zin van het woord
★ Een eigen kamer waarin je kunt spelen, maakt de meeste kinderen al blij. Ook volwassenen doet het goed een eigen plekje te hebben waar ze zichzelf kunnen zijn. Heb jij ook zoiets voor jezelf?

In een gesprek
★ Een goede luisteraar geeft je door zijn aandacht de ruimte om je te uiten. En omgekeerd geldt dat natuurlijk ook! Wie geeft jou in je leven die ruimte?

In een relatie
★ De behoefte aan ruimte is natuurlijk voor iedereen heel verschillend. De een heeft meer, de ander heeft minder (vrije) ruimte nodig. Zeg wat je nodig hebt om je prettig te voelen. De relatie tot jezelf en je partner ontwikkelt zich veel beter als aan deze behoefte is voldaan.

Op het werk
★ Hier brengen de meeste mensen een groot deel van hun tijd door. Een eigen bureau, een eigen kantoor en het gevoel van vrijheid in handelen en beslissen, vergroten over het algemeen de tevredenheid en productiviteit. Geven jouw arbeidsomstandigheden je de mogelijkheid om je te uiten?

> *Veel mensen zijn er heel goed in anderen ruimte te geven door te luisteren, door hun tolerantie en door hun begrip. Ruimte nemen is daarentegen voor klassieke 'gevers' vaak minder vanzelfsprekend. Als we met betrekking tot zelfliefde denken aan het evenwicht tussen geven en nemen, wil ik je aansporen jezelf erin te trainen het goede aan te nemen.*

ZET ZELFLIEFDE OM IN DADEN

Praktische tips

De volgende tips kunnen je helpen om dagelijks op de een of andere manier vriendelijk voor jezelf te zijn en bewust jezelf en je behoeften met waardering tegemoet te treden.

Welkom

★ Om jezelf in het dagelijks leven zo af en toe te herinneren aan het 'ja' tegen jezelf, kan het helpen om af en toe even je hand op je hart te leggen om te voelen, aanwezig te zijn, je bewust gewaar te worden van je lichaam. Haal dan diep adem en zeg daarbij vanbinnen 'welkom' tegen alles wat er op dat moment is.

Dagelijkse reminder

★ Kleine geheugensteuntjes helpen je om in het dagelijks leven vriendelijk te zijn tegen jezelf en het voornemen van meer zelfliefde steeds voor ogen te houden. Daarvoor heb ik een paar praktische tips, waardoor je een aantal keren per dag met jezelf in contact komt. Wat denk je van bijvoorbeeld een smiley, die je op de badkamerspiegel plakt of op je computerscherm op kantoor? Heel geschikt is ook een kleine talisman in je broekzak of handtas, bijvoorbeeld een hartvormige edelsteen.

Zie gevoelens als vrienden

★ Vecht niet tegen je gevoelens, maar maak ze tot je bondgenoten. Daardoor win je nieuwe energie en hoef je je niet meer in te spannen om iets te verdringen. Zeg bijvoorbeeld: 'Hallo, boosheid, goed dat je er bent en mij de kracht geeft om te veranderen', of 'Welkom, verdriet, dank je wel dat je me helpt om mijn hart te zuiveren.'

Affirmaties

★ Zoek drie positieve zinnen die voor jou zelfliefde, zelfvertrouwen en zelfwaardering samenvatten. Belangrijk is dat je ze gemakkelijk en in de tegenwoordige tijd formuleert en ze op jou persoonlijk van toepassing zijn. Spreek een paar maal per dag je persoonlijke affirmaties uit, vooral bij het wakker worden en voor het slapengaan. Je kunt ze ook opschrijven, visualiseren of op een andere manier creatief tot uitdrukking brengen.

Visualiseer je grenzen

★ Als je de behoefte hebt om je af te sluiten voor iemand die voor jou niets goeds betekent, probeer dan eens het volgende: denk na over de soort grens die je het liefst zou stellen – misschien een getint glazen scherm, een bakstenen muur of een hek. Als je de volgende keer bij die persoon bent, dan activeer je je imaginaire bescherming. Je zult verbaasd zijn over hoe goed het werkt!

Kaartjes

★ Schrijf vriendelijke, positieve boodschappen op kleine kaartjes en trek elke morgen een kaartje als motto voor die dag. De boodschappen moeten onderstrepen wat je prettig vindt aan jezelf, maar kunnen je misschien ook aan het lachen maken. Hieronder vind je een paar ideeën.

»⟶ Vandaag is een vipdag: verwen jezelf!

»⟶ Jouw nieuwe dieet: onbeperkte waardering en complimenten, en geen veroordelingen over jezelf!

»⟶ Goedemorgen, heeft iemand jou ooit al eens verteld dat je een te gekke/slimme/sterke/hartelijke/getalenteerde persoon bent?

»⟶ Verbazingwekkend! We kennen elkaar al zo lang en toch begrijpen we elkaar steeds beter!

»⟶ Hallo! Je ziet er goed uit. Mag ik je uitnodigen om samen een hapje te gaan eten?

Een dankbaarheidsdagboek helpt ook om elke dag het waarderen van jezelf te oefenen. Daardoor kan je zelfliefde groeien, enerzijds omdat je bewust let op wat je goeddoet en anderzijds omdat je focus verandert. Als je je aandacht richt op waardering, aan de binnenkant en aan de buitenkant, zal het je automatisch makkelijker lukken de geschenken van het leven te zien en je individuele talenten te herkennen. Waardeer 's avonds alle grote en kleine dingen die je die dag positief zijn opgevallen. Schriftelijke aantekeningen zijn daarbij nog effectiever dan gedachten. Bekijk je dankbaarheidsdagboek als huiswerk dat echt leuk is om te doen.

BRENG WAARDERING IN DE PRAKTIJK

Waardering is een heerlijk gevoel en verwant aan zelfliefde. Daarbij hangen waardering voor jezelf en voor anderen heel nauw samen! Ik leg hieronder uit wat ik daarmee bedoel.

Begin vandaag meteen met jezelf van harte heel veel erkenning en waardering te geven, ook voor kleine dingen.

Ieder mens vindt het fijn als hij door anderen gewaardeerd wordt. Dat betekent niet alleen respect, maar ook achting en erkenning. Dat zijn menselijke behoeften. Sterker nog, door doorleefde waardering gaat een mens persoonlijk groeien, net zoals de juiste verzorging een plant tot volle bloei kan brengen.

In relaties en ook op het werk lijkt waardering helaas vaak een achtergesteld fenomeen. Vaak heb ik in dat verband gehoord: 'Mijn partner/werkgever ziet helemaal niet wat ik allemaal doe. Ik zou best weleens meer erkenning en waardering willen krijgen.' Dat is heel begrijpelijk, maar hoe staat het met de erkenning voor jezelf?

Zeg een paar keer per dag in jezelf waarderende zinnen als 'Dat heb ik mooi voor elkaar gekregen' of 'Ik ben echt een attente collega' en waardeer bewust en positief je kwaliteiten en talenten.

Met betrekking tot zelfliefde adviseer ik je om je wat betreft waardering minder te concentreren op prestigieuze uiterlijke successen, want dan zou het toch weer om het uiterlijk gaan. *Ontdek liever de fijne nuances in je innerlijk, die graag je aandacht willen hebben.*

Een voorbeeld: hang je zelfliefde niet in de eerste plaats op aan hoeveel geld je deze maand hebt verdiend, maar zie vooral hoe je emotioneel goed hebt gezorgd voor jezelf en je innerlijke behoeften. Je zelfliefde zal daardoor groeien.

Als je begint met jezelf elke dag te waarderen voor wat je doet, dan zul je niet alleen onafhankelijker worden van uiterlijke waardering, want je creëert daarmee ook een basis waardoor anderen je anders zien en je positief respect weerspiegelen.

'RECEPTEN' VOOR WAARDERING

⭐ *Waardering voor jezelf als gewoonte*

Waarom maak je er niet een dagelijks ritueel van? Laat 's avonds de dag de revue passeren en geef jezelf vriendelijk waardering voor alles wat je waardevol lijkt.

⭐ *Laat waardering tegenover anderen blijken*

Waardering uitspreken is net zo geweldig als die ontvangen. Ik vind dat daarmee veel te zuinig wordt omgesprongen. Waarom eigenlijk? Spreek het gewoon uit als je iemand ergens om bewondert of als je iets bijzonders opvalt aan de ander. Je maakt daarmee niet alleen de dag voor die ander rijker, maar ook voor jezelf. Wat je geeft, ga je bovendien vroeg of laat ontvangen.

Vooral heel fijn is het voor de ander als hij hoort waarom iets je bevalt, bijvoorbeeld: 'Ik vind de kleuren die je vandaag draagt echt heel mooi. Ik word er vrolijk van' of 'Ik vind het fijn dat we samenwerken. Van jou kan ik heel wat leren wat… betreft.'

EEN DATE MET JEZELF

Oefening

Heb je zin in een date met jezelf? Klinkt dat gek? Je zult binnenkort vermoedelijk niet meer zonder willen!

Als je eenmaal per week of ten minste eenmaal per maand een bepaald doel vooropstelt, kan dat enorm helpen om je eigen positieve ontwikkeling te stimuleren. In dit geval gaat het erom dat je de zorg voor jezelf verfijnt en steeds vanzelfsprekender laat worden. Daarvoor moet je bewust tijd met jezelf doorbrengen en tijdens dat moment doen wat je leuk vindt.

Het is heel belangrijk dat je deze 'date', deze tijd voor jezelf, net zo serieus neemt als een echte date of een zakelijke afspraak. Je kunt deze afspraak het best direct in je agenda zetten en ook al voor de komende maanden inplannen.

Je bent het waard dat je er niets tussen laat komen; het gaat om je persoonlijk welzijn.

DE DATE IN DE PRAKTIJK

Elke date wordt uiteraard goed voorbereid. Denk daarom al een paar dagen tevoren na over een activiteit die je hart een vreugdesprongetje laat maken. Hieronder vind je een paar voorbeelden die heel geschikt zijn voor een zelfliefderitueel.

→ Een gezellig avondje thuis met lekker eten bij kaarslicht.
→ Een paar uur wellness in een spa met sauna en massage.
→ Een bezoek aan je lievelingscafé.
→ Een uitstapje naar een plaats waar je altijd al eens naartoe wilde.
→ Een wandeling met een zorgvuldig voorbereide picknick.

Tijdens de dates met jezelf kun je naar hartenlust doen en laten wat je wilt, en je hoeft je naar niemand te richten, behalve dan naar je eigen wensen. Hoe bevalt die gedachte je?

Al voelt het de eerste keer wat ongewoon omdat zoveel aandacht voor jezelf nieuw is, houd dan de basis van waardering voor ogen:
Je hebt deze tijd verdiend en kunt nu echt iets goeds doen voor jezelf! Je bent het tegelijkertijd ook waard om je door niets van jezelf te laten afleiden. Zet je mobiele telefoon uit en vertel je partner en je kinderen over je plan.

Bij de organisatie van je date haal je je gewoon voor de geest wat een klassiek rendez-vous succesvol maakt. Wees net zo aandachtig, charmant en royaal voor jezelf als je zou zijn voor iemand op wie je verliefd bent. Welke taart zou je bestellen in het restaurant? Welk gerecht zou je vanavond graag eten? Als het voor jou van toepassing is, knijp dan op die dag een oogje dicht waar het gaat om de calorieën. Het gaat erom dat je geniet en dat moet vandaag prioriteit hebben.

Een fijne date wordt uiteindelijk afgesloten met een gevoelvol afscheid: voel bewust hoe goed deze uren je hebben gedaan en beloof jezelf dit ritueel snel te herhalen.

ONTDEK HET 'JA' TEGEN JEZELF

1

Durf jezelf te zijn

Ieder mens wil zich geaccepteerd voelen zoals hij is. Daarmee kun je bij jezelf beginnen! Door een innerlijk, vriendelijk 'welkom' kun je je steeds meer thuis voelen bij jezelf. Een dagelijks 'ja' tegen jezelf zorgt zowel op lichamelijk als op emotioneel vlak voor een ontspannen basishouding. Dat is veel gezonder dan met jezelf kibbelen. Probeer het gewoon eens!

2

Ga bewust om met je gevoelens

Ontdek de rijkdom en de boodschappen van je gevoelens. Het is daarbij heel handig om alle emoties in gelijke mate te laten meespelen, want behalve de aangename emoties als liefde en vreugde zijn er ook emoties als boosheid en verdriet die hun rechten opeisen en gevoeld willen worden. Vaak gaan daarachter onvervulde behoeften schuil die gezien willen worden.

3

Besteed aandacht aan je behoeften

Op weg naar meer zelfliefde ga je steeds duidelijker voelen wat je ware behoeften zijn, in elk opzicht. Neem de tijd om eerlijk te kijken en ga er niet snel aan voorbij. Je bent het waard om voor jezelf op te komen. Zelfliefde betekent goed voor jezelf zorgen.

4
Stel je grenzen

Een 'ja' tegen jezelf betekent soms een 'nee' tegen een ander. Gezonde grenzen geven een gevoel van veiligheid en maken dat je jezelf kunt blijven. Ontdek waar jouw persoonlijke grenzen liggen – intermenselijk, lichamelijk en met betrekking tot wat je aankunt. Grenzen stellen is de expressie van gezonde zelfliefde en betekent dat je jezelf serieus neemt.

5
Neem de ruimte

Ieder mens heeft ruimte nodig om zichzelf te kunnen ontplooien. Experimenteer eens met je behoefte aan (vrije) ruimte voor jezelf; let tegelijkertijd op jouw grenzen en die van anderen. Durf gewoon aandacht aan jezelf te geven.

6
Waardeer jezelf

Positieve erkenning is als een balsem voor de ziel. Dat geldt niet alleen voor jezelf, maar ook voor alles wat je buiten jezelf ontdekt. Als je bewust oefent om je medemens, de wereld om je heen en jezelf te waarderen, heb je automatisch al gewonnen.

Derde hoofdstuk

Tempel van de ziel: leer je lichaam liefhebben

In dit hoofdstuk leer je

hoe je je innerlijke gevoel van welzijn
boven uiterlijke schoonheidsidealen stelt,

hoe je jezelf op een nieuwe manier kunt bekijken
in de spiegel,

hoe je je steeds meer thuis kunt
voelen in je lichaam en

hoe je je lichaam beleeft
als de tempel van je ziel.

SLUIT VRIENDSCHAP MET JE LICHAAM

Je lichaam draagt je door het leven. Dankzij je lichaam kun je je bewegen, uitdrukken en mensen ontmoeten. Het maakt het mogelijk om een groot spectrum aan gevoelens en zintuiglijke ervaringen op te doen, van uitgelaten tot neerslachtig, van zeer aangenaam tot verschrikkelijk pijnlijk. Het lichaam maakt het leven pas mogelijk. Soms is dat echter ook zwaar.

Je relatie tot je eigen lichaam kan net zo verschillend zijn als de ervaringsmogelijkheden die het biedt, vooral in de moderne, visueel gekenmerkte tijd. Reclame, film en televisie schotelen ons dagelijks torenhoge schoonheidsidealen voor, talentenjachten beloven roem en waardering zolang de kandidaten er maar bovengemiddeld goed uitzien. Het is dan ook nauwelijks verbazend dat maar weinig mensen oprecht en totaal tevreden zijn met hun uiterlijk. Onderzoeken tonen aan dat de meeste mensen in elk geval in enig opzicht ontevreden zijn met hun lichaam.

Als je zo af en toe met je uiterlijk overhoopligt, weet dan dat het de meeste mensen zo vergaat!

Op de eerste plaats staat als het om ontevredenheid gaat bij beide geslachten 'gewicht' en 'buik'. 50% van de vrouwen en 40% van de mannen die zichzelf te dik vinden, heeft in werkelijkheid echter eigenlijk een gezond gewicht.

Het eigen lichaamsbeeld lijkt ook vaak te verschillen van de waarneming van anderen; kleine oneffenheden die anderen nauwelijks opvallen, worden beschouwd als dominante uiterlijke kenmerken en knagen aan het gevoel van eigenwaarde. Zo ook bij Christina, die lange tijd onder haar niet helemaal perfecte neus gebukt ging. 'Het voelde voor mij werkelijk alsof dat alles was wat mij definieerde. Ik beeldde me in dat iedereen meteen die fout aan mij zag. Dat was echter helemaal niet waar.'

ONTWIKKEL EEN NIEUWE FOCUS

Om een vriendelijke verhouding tot je eigen lichaam te ontwikkelen, is het handig jezelf eens met een frisse blik te bekijken. Vraag je het volgende af.
★ Wat vind ik goed aan mezelf?
★ Wat vind ik eigenlijk prima zo?

Maak je een stukje verder los van uiterlijke idealen, zoals hoe je lichaam eruit zou moeten zien en hoe het zou moeten functioneren. Op die beelden heb je namelijk geen invloed, maar wel op de manier waarop je jezelf ziet!
In plaats van te vergelijken, kun je beter het unieke ontdekken dat in je lichaam sluimert. Als je daarbij aandachtig en vriendelijk bekijkt wat je innerlijk en uiterlijk als aangenaam of mooi ervaart, ga je stap voor stap een liefdevolle relatie tot je eigen lichaam opbouwen.

TEVREDEN ZIJN, OOK MET EEN BEPERKING

Ook verkregen of niet te veranderen beperkingen kunnen verlammend werken op de waardering van het eigen lichaam. Littekens en beperkingen zijn over het algemeen niet meer ongedaan te maken en vormen een uitdaging om jezelf te accepteren en om het beste van elke situatie te maken. Dat is niet makkelijk, maar wel mogelijk.

Graag denk ik terug aan Jan, een sportieve man van eind veertig, die regelmatig een bezoek bracht aan de revalidatiekliniek waar ik werkte. Bij een zwaar ongeluk had Jan een ruggenmergletsel opgelopen en hij kan zich sindsdien alleen nog maar in een rolstoel voortbewegen. Het zou heel begrijpelijk zijn als hij daardoor gedeprimeerd was geraakt, maar het tegendeel was het geval. Ondanks zijn beperking trainde hij uiterst gemotiveerd en dankbaar alle spieren van zijn bovenlichaam en was hij blij met elk succes. Ik had de indruk dat hij door zijn ongeluk zijn leven en zijn lichaam op een heel bijzondere wijze leerde waarderen.

> *Als je heel erg lijdt onder hoe je lichaam eruitziet en misschien ook al symptomen van een eetstoornis of een depressie hebt ontwikkeld, aarzel dan niet om ondersteuning te overwegen. Dat kan je helpen om milder en liefdevoller voor jezelf te worden!*

SPIEGELTJE, SPIEGELTJE AAN DE WAND

Oefening

De volgende oefening beveel ik je van harte aan, want ze is heel krachtig en helpt je om jezelf aan te voelen en werkelijk dicht bij jezelf te komen.
Als je begint een houding van zelfliefde aan te nemen, gaat je blik in de spiegel veranderen. Anders dan bij het opmaken of het tandenpoetsen ga je jezelf voortaan bewuster waarnemen, precies zoals je bent. Ik nodig je uit om elke dag een paar minuten voor een klein ritueel te nemen. Dit kan al na korte tijd tot positieve veranderingen leiden.

DE NIEUWE BLIK

★ Kijk bewust en vriendelijk in de spiegel. Kijk naar je ogen. Welke uitdrukking zie je daarin? De ogen zijn de spiegels van de ziel; houd even oogcontact, schenk jezelf een liefdevol 'hallo'. Probeer jezelf echt te begroeten als een vriend die je lange tijd niet hebt gezien en die je naar zijn welzijn wilt vragen. Zeg (hardop of in gedachten): 'Welkom! Fijn, dat je er bent!'

★ Voel je de neiging om weg te kijken of een waardeoordeel te geven, blijf dan toch staan. Bekijk wat er innerlijk gebeurt. Misschien komt er een reeks gedachten in je hoofd op of borrelen er gevoelens op in je hart. Negeer deze gedachten of gevoelens niet, maar geef ze ook niet te veel aandacht, want ze zijn maar een onderdeel van jezelf. Je zit zelf aan het stuur en kunt beslissen waar je je aandacht op richt. Houd je focus op het bekijken van je spiegelbeeld.

★ Kijk naar je wangen, je neus, je oren en houd je blik daar even vast. Misschien valt je iets op dat je nog niet eerder hebt gezien? Misschien zie je een schittering in je ogen, een schattig rimpeltje of een andere kleinigheid? Neem waar wat je mooi in je gezicht vindt.

⭐ Praat dan tegen je spiegelbeeld. Dat kan in het begin wat vreemd aanvoelen en daarom geef ik je een paar zinnen om op gang te komen. Misschien lukt het dan beter.

⭐ Heb je het gevoel dat je een goed contact met jezelf hebt gelegd, begin dan een positief zelfgesprek. Denk daarbij steeds weer aan de goede vriend die je echt graag mag en wilt opvrolijken. Zoek daarbij woorden die voor jou vriendelijk maar ook realistisch klinken. Je zou bijvoorbeeld kunnen zeggen: 'Hé, ik vind je ogen mooi' of 'Weet je, het is echt knap dat je… voor elkaar hebt gekregen. Ik ben trots op je.' Zeg alleen waarderende en oprechte dingen en kijk jezelf daarbij in de ogen.

⭐ Misschien sluipt het stemmetje van je innerlijke 'optische' criticus rond en fluistert: 'Lieve hemel, wat heb jij veel rimpels gekregen' of 'Alweer nieuwe grijze haren aan je slapen. Ga snel haarverf halen, voordat iemand het ziet!' Laat je niet van de wijs brengen door dat innerlijke geklets, maar vecht er ook niet tegen, want dan geef je dat stemmetje onnodig macht. Ga gewoon verder met je positieve gesprek. Zoek persoonlijke, waarderende woorden voor elk detail. Dit herhaal je dagelijks. Let eens op wat er gebeurt. Zonder make-up is dit ritueel trouwens ook heel effectief!

HET LICHAAM ALS TEMPEL VAN DE ZIEL

Je lichaam is inderdaad zoiets als je huis. Leer je het zelfs als een tempel te zien, dan klinkt in de omgang ermee meteen veel meer waardering door.

Wat zorgt er zoal voor dat je je echt lekker in je eigen lichaam voelt? Wat heb je nodig om je gezond, vitaal en goed te voelen? Ontdoe jezelf van ideeën en trends over wat mensen nodig hebben en waarmee ze zich moeten tevredenstellen. Elk lichaam is uniek en heeft uiteenlopende behoeften: de ene persoon heeft genoeg aan zes uur slaap, de andere voelt zich pas na acht uur slaap uitgerust. De een eet graag veganistisch, de ander helemaal niet. Weer een ander heeft veel lichamelijk contact en nabijheid nodig, soms wil iemand die minder.

Vertrouw op de wijsheid van je lichaam en wees je lichaam waard door je behoeften te vervullen en ze helder uit te spreken. Zo creëer je de beste voorwaarden voor lichamelijk en mentaal evenwicht.

VERBETER JE WAARNEMING

Soms is het belangrijk even te stoppen en eerst weer eens te voelen hoe je eigen lichaam eigenlijk aanvoelt en wat het nodig heeft. De tijd gaat tegenwoordig zo snel; allerlei eisen en stress zorgen ervoor dat je vaak meer in je hoofd thuis bent dan in je lichaam. Niet zelden maakt je lichaam je dan uit zichzelf attent op deze onbalans. Maar zover moet het niet komen!
Creëer een dagelijks ritueel rond stilstaan en waarnemen. Dat kan bijvoorbeeld een ontspanningsoefening zijn die je prettig vindt en waar je je innerlijke waarnemer voor uitnodigt.

HET LICHAAM ALS WAARDEVOL INSTRUMENT

Maak je lichaam tot je bondgenoot. Het kan een waardevol instrument worden, dat je op je innerlijke waarneming, op je gevoelens en intuïtie attent maakt. Niet voor niets wordt weleens gesproken over

> *Om het eigen lichaam te kunnen aanvoelen, vind ik vooral de combinatie van beweging en meditatie heel effectief, omdat die zonder veel ophef te doen is en een groot effect heeft. Ga na het joggen of een andere sport naar keuze rechtop zitten, sluit even je ogen en voel gewoon je lichaam en je ademhaling. Door het sporten verplaatst je aandacht zich van het denken naar het voelen. Je zult je over het algemeen niet alleen beter voelen, maar ook preciezer waarnemen wat in je lichaam vanzelf plaatsvindt en wat je nodig hebt. Schenk jezelf liefdevolle aandacht; als iets gespannen aanvoelt of wringt, leid je je ademhaling naar die plek of je legt je hand erop.*

het buikgevoel! Omgekeerd staat je lichaam trouw voor je klaar zodat je je kunt uiten, bewegen en met al je zintuigen van het leven kunt genieten. Het grenst bijna aan een wonder wat het allemaal kan!
Stel je voor hoe al je organen en zintuigen, je ademhaling en je hart op unieke wijze samenwerken onder aanvoering van je fantastische hersenen.

Het zal je zelfliefde sterken als je erkent hoe ingenieus je lichaam daadwerkelijk in elkaar zit!

Tegelijkertijd is je hele leven in je lichaam opgeslagen: aangename maar ook onaangename of zelfs traumatische ervaringen. Die laatste kunnen soms zorgen voor emotionele en ook lichamelijke blokkades en klachten. Dan kan het zelfs eng zijn om het eigen lichaam te voelen. Het organisme is in zo'n geval als een huis dat niet geheel bewoond wordt. Om ervoor te zorgen dat je hele levensenergie (weer) beschikbaar is voor het hele 'huis', kan het helpen om lichamelijke of traumatherapeutische ondersteuning te overwegen. Met professionele hulp kan een oorspronkelijk pijnlijke ervaring getransformeerd worden en je fysiek en psychisch nieuwe levensvreugde en energie geven. *Heb vertrouwen als dergelijke waarnemingen in je opborrelen. Ze zijn in feite een goed teken en geven aan dat lichaam en geest willen genezen.*

JE GEZONDHEID EN JE WELZIJN

Als er iets nieuws moet ontstaan – namelijk meer zelfliefde – is het nuttig om eerst op te ruimen en in elk opzicht plaats te maken. In de Chinese harmonieleer feng shui gaat men ervan uit dat de levensenergie dan beter stroomt. Dat geldt natuurlijk ook voor het eigen lichaam! Een gezonde voeding en misschien ook een kleine detoxkuur doen vaak wonderen.

> *Voel in jezelf wat echt goed voor je is. Zeg tegen jezelf dat je iets goeds wilt doen voor je lichaam als trouwe vriend. Je houdt min of meer je eigen tempel helder en schoon. Vooral belangrijk daarbij is je lever. Enerzijds zorgt dit orgaan voor de lichamelijke ontgifting en functioneert het eigenlijk als een filter, die af en toe gereinigd moet worden. Anderzijds komt de lever in emotioneel opzicht nog een andere belangrijke taak toe: volgens de traditionele Chinese geneeskunde kan de lever helpen om creatieve energie naar buiten te brengen, jezelf te ontwikkelen en door te zetten.*

Je bent het ook waard om voldoende te ontspannen. Als je altijd maar druk en gestrest bent, is het veel moeilijker om te ontspannen en liefdevol tegen jezelf te zijn. Een mens denkt snel en vergeet dat zijn lichaam voor veel processen wat meer tijd nodig heeft.

Een gespannen lichaam wil niets liever dan liefdevolle aandacht, zoals een massage of een warm bad, en vooral voldoende slaap. Als je je accu regelmatig oplaadt, ga je je veel meer aanwezig voelen in je lichaam.

ENERGIE DIE DOOR HET LICHAAM STROOMT

Iedereen zal zich prettig in zijn lichaam voelen als hij energie, helderheid en waarneming ervaart. Beweging is een prima mogelijkheid om de levensenergie te wekken. Beoefen in elk geval een soort sport die je leuk vindt, dan houd je het sporten vol. Trainen in de frisse lucht heeft als voordeel dat je je hoofd kunt leegmaken en vertoeven in de natuur geeft iedereen die ervoor openstaat een weldadig gevoel in het dagelijks leven. Vooral sport heeft als voordeel dat je ermee helemaal in je lichaam kunt komen, een goede voorwaarde om je energiek te

> *'Vrede begint ermee*
> *dat iedereen elke dag weer*
> *zijn lichaam en geest koestert.'*

Thich Nhat Hanh

voelen en ontspannen en liefdevol de dag door te komen.

Helderheid en klaarheid worden uiteraard ook beïnvloed door alles wat je tot je neemt. In dit opzicht ga je wanneer je zelfliefde groeit waarschijnlijk de behoefte voelen om iets goeds voor je lichaam te doen. Vergeet daarbij niet de genotmiddelen: eten, drinken en roken kunnen zoals bekend op de korte termijn een heerlijk gevoel opleveren en worden graag geconsumeerd om een beter gevoel te krijgen. Bekend is echter dat overmatig en ongezond eten en drinken en vooral roken slecht zijn voor de gezondheid. Vaak gaat achter de toegenomen trek in genotmiddelen een andere behoefte schuil, bijvoorbeeld het verlangen naar menselijke nabijheid.

Neem voortaan als het gaat om zelfliefde een moment de tijd voordat je naar een glas wijn, chocolade of sigaretten grijpt. Voel vanbinnen waar je echt naar snakt. Dient wat je wilt consumeren misschien eigenlijk als troost of als kalmeermiddel? Hoe voel je je daarna?

Jana is 31 jaar. Ze is single, woont in een grote stad en beschrijft zichzelf als 'chocoholiste'. Als ze 's avonds na het werk thuiskomt in haar lege woning, overvalt haar een nauwelijks te beheersen verlangen naar chocolade. Bijna dagelijks geeft ze toe aan die lekkere trek om zich daarna te ergeren over de onnodige calorieën.

Ondertussen begint de situatie echter te kantelen. 'Ik weet zeker dat mijn trek in suiker alleen een ongezonde manier van troost is om mijn eenzaamheid niet te voelen', zegt ze. 'In mijn oude woonplaats had ik veel meer vrienden en had ik niet dat voortdurend verlangen naar zoetigheid. Ik probeer nu het eigenlijke probleem aan te pakken en hier nieuwe contacten te leggen.'

Misschien herken je je in het voorbeeld van Jana. Omdat de inname van suiker, alcohol en het roken van sigaretten onmiddellijk effect op het lichaam hebben, kunnen ze heel kort onaangename gevoelens verdoezelen. Het is echter beter het ware nare gevoel boven water te halen en de verborgen behoefte de ruimte te geven.

'Zorg voor je lichaam. Het is de enige plek die je hebt om te leven.'

Jim Rohn

VANBUITEN EN VANBINNEN

Al in de oudheid werd het lichaam gezien als de weerspiegeling van de ziel. De houding, de taal en de expressie ervan geven heel veel informatie over het innerlijk van de mens. Belangrijk daarbij is het inzicht dat het uiterlijk het innerlijk volgt.

Stel je een lamp voor: je lichaam is de kap en je innerlijk de gloeilamp. Knip je innerlijke licht aan door lief en waarderend te zijn voor jezelf en prompt zullen je lichaamsgevoel en je uitstraling in positieve zin veranderen.

Ik geloof dat ieder lichaamsdeel, ieder orgaan, samenhangt met een mentaal aspect. Als je openstaat voor de symboliek van het lichaam, kun je het lezen als een boek. Je kunt je bijvoorbeeld het volgende afvragen.

⭐ Wat ligt me op de maag?
⭐ Waarom maakt mijn hart een sprongetje van vreugde?
⭐ Wat betekent het voor mij om met beide voeten stevig in het leven te staan?

Zelfliefde betekent dat je de verantwoordelijkheid neemt voor je lichaam en de balans ervan. Soms roept een ziekte of een ongeluk op tot meer aandacht voor beweging, voeding en ontspanning. Als zoiets met je gebeurt, moet je dat zien als een opleving voor de ziel!

Liefde versnelt de genezing.

Als je je eens ziek of slap voelt, moet je niet boos worden omdat het niet zo gaat zoals je wilt. Koester je lichaam in plaats daarvan met liefdevolle aandacht en rust, zodat het de balans kan terugvinden.

Het is heel normaal dat je sommige dingen aan je lichaam goed vindt en andere dingen niet. Maar vaak leggen we zo de nadruk op het uiterlijk dat de functie helemaal vergeten wordt. Zo vertelde een jonge vrouw mij eens dat ze ook 's zomers dichte schoenen droeg om te voorkomen dat iemand haar 'lelijke' tenen zou zien. Dat is jammer, want onze voeten dragen ons zo geweldig door het leven!

MIJN WAARDEVOLLE LICHAAM

Schrijf hier op wat je goed vindt aan je lichaam, of je het nu mooi vindt, het goed voelt of je dankbaar bent voor de mogelijkheden die het je geeft. Waardeer vooral wat je tot nu toe altijd als vanzelfsprekend hebt beschouwd.

*Ik vind mooi aan mezelf
(bv. mijn ogen, haar, handen...):*

Voor deze lichaamsfunctie ben ik vooral dankbaar (bv. mijn smaakzin, want daar kan ik zo heerlijk mee proeven; mijn oren, want daarmee kan ik genieten van mooie muziek):

Dit voelt goed voor mijn lichaam (bv. energie door dansen, op blote voeten over het strand lopen, frisse lucht inademen):

ZO SLUIT JE VRIENDSCHAP MET JE LICHAAM

Praktische tips

Positieve focus
★ Soms is er weleens iets aan je lichaam dat je niet aanstaat: je neus misschien of je knieën, of je buik of je gewicht...
Laat het niet gebeuren dat iets kleins je zelfbeeld overschaduwt, want daarvoor ben je veel te kostbaar! Concentreer je op alles wat je waardeert aan jezelf en leer bewust nieuwe aspecten te zien die je misschien eerder vanzelfsprekend leken. Misschien heb je een heel mooie, zachte huid of een bijzonder aangename stem?

Rituelen
★ Maak alledaagse dingen tot een klein ritueel voor zelfliefde, bijvoorbeeld je gewoonte om je in te smeren met bodylotion na het douchen. Stel je voor dat je daarbij heel bewust omgaat met jezelf en jezelf liefdevolle aandacht geeft. Glimlach vrolijk naar je spiegelbeeld en zeg iets aardigs tegen jezelf.

Complimentendouche
★ Onder goede vrienden of tussen partners kan het heel verrijkend zijn om over en weer te zeggen wat je aan de ander fijn of mooi vindt. Zo'n complimentendouche doet het humeur goed en vergroot meteen het gevoel van eigenwaarde.

Beloning voor het lichaam
★ Soms mag je jezelf gewoon iets gunnen. Een professionele personal coach kan je helpen om op uiterlijk vlak je sterke kanten te benadrukken, zodat die nieuwe outfit echt lekker aanvoelt. Zelfliefde kan groeien als je graag in de spiegel kijkt. Dat geldt zowel voor mannen als voor vrouwen.

Toevallige ontmoeting
★ Als je in het dagelijks leven toevallig jezelf ontmoet (bijvoorbeeld door je spiegelbeeld te zien in een etalageruit of doordat je je stem hoort op het antwoordapparaat of als je onverwacht een foto van

jezelf in handen krijgt), verwelkom jezelf dan! Mocht je je op zulke momenten onzeker voelen, dan doet de dialoog met de spiegel wonderen.

Dankbaarheid

★ Gezondheid is een kostbaar goed. Dat valt jammer genoeg meestal pas op als klachten je welzijn beperken. Waardeer daarom elke dag je lichaam en alles wat het voor je mogelijk maakt!
Dat dankbaarheid ook genezing stimuleert, toont deze ervaring van een vriendin van mij: na een zware operatie kreeg ze de gewoonte om 's morgens onder de douche te zingen en daarbij dankbaar haar lichaam te bezingen, dat haar zulke goede diensten bewees. Terwijl ze haar litteken streelde, dankte ze in gedachten haar lichaam en werd daarbij vervuld van het gevoel dat de genezing snel en goed vooruitging.

Voeding

★ Zelfliefde zorgt voor een vitaal gevoel en datzelfde bereik je met bewuste voeding. Maak van je maaltijden een bewust, ontspannen ritueel en geniet met al je zintuigen van het proeven en de sfeer eromheen.
Zorg tijdens het eten voor een bewuste houding en laat je niet afleiden door een boek, je telefoon, tablet of de televisie. Door aandachtig te eten, werkt de spijsvertering veel beter.

Ontspanningstip

★ Gun je lichaam en je innerlijk ten minste eenmaal per dag een meditatief moment. Zet je voeten stevig op de grond, sluit je ogen, voel je lichaam en let op je ademhaling. Verder hoef je niets te doen! Of het nu middagpauze is op kantoor of je op een bankje in het park zit, deze minuten kunnen je met jezelf verbinden en zijn daarom goud waard.

Slaap

★ Maak ook van het slapengaan een ritueel van zelfliefde. Wie slaapt niet graag in een zacht bed met lekker geurende kussens? Misschien wil je voor je naar bed gaat nog een bad nemen of een goed boek lezen? Je bent het waard dat je 's nachts zo goed mogelijk kunt bijtanken om uitgerust aan de nieuwe dag te beginnen.
Het is vooral heel goed om vlak voor het slapengaan en vlak na het ontwaken even de tijd te nemen voor een vriendelijke affirmatie. Die kan dan meteen in je onderbewustzijn neerdalen en daar haar werk doen.

VOOR EEN LIEFDEVOLLE OMGANG MET JE LICHAAM

1

Schoonheid zit vanbinnen

Dat weet iedereen. Door zelfliefde kan dit inzicht effectief in de praktijk worden gebracht. Iemand voelt zich mooi en aantrekkelijk als hij met zichzelf in het reine is en zijn lichaam weet te waarderen. Dat werkt bevrijdend; je houdt je niet meer bezig met de schoonheidsidealen die de media en reclame je proberen opdringen. Over een paar jaar zien die idealen er trouwens toch weer heel anders uit!

2

Praat tegen je spiegelbeeld

Een dagelijkse dialoog met je spiegelbeeld kan de liefdevolle verhouding met jezelf en je lichaam duidelijk verbeteren. Zie jezelf met nieuwe ogen en een milde blik. Terwijl je jezelf in de spiegel bekijkt, breng je dit tot uiting door middel van vriendelijke waardering en complimenten. Hierbij geldt: oefening baart kunst! En blijf dit volhouden!

3

Beschouw je lichaam als een tempel

Als je je lichaam als een tempel beschouwt, kun je daarmee je zelfliefde vergroten. Een tempel is namelijk iets heiligs en stap je met eerbied binnen. Door aandachtig al je lichamelijke behoeften te vervullen – voeding, beweging, aanraking, ontspanning, slaap – oefen je zelfliefde op praktische wijze.

4
*Zie je lichaam als
een kostbaar instrument*

Het lichaam is het thuis van de ziel en staat je niet alleen ter beschikking voor innerlijke waarneming, maar ook voor uiterlijke expressie. Luister naar de wijsheid van je lichaam en vertrouw steeds meer op je buikgevoel. Hoe zuiverder en helderder je lichaam is, des te beter kan je ziel zich via je lichaam uiten.

5
*Wees dankbaar voor
alle lichaamsfuncties*

Een liefdevolle verhouding tot je eigen lichaam kan groeien als je afgezien van het uiterlijk een dankbaarheid ontwikkelt voor alle unieke functies die je lichaam heeft. Als je ergens mee worstelt, probeer dan in te zien dat ook dit bepaalde aspect je op een of andere manier wil dienen.

6
*Klachten als wake-upcall
van je ziel*

Het lichaam toont zich op verschillende manieren als de spiegel van de ziel. Ziekte, spanningen en andere symptomen van ongemak zijn een wake-upcall om liefdevoller te gaan zorgen voor je inwendige balans. Veroordeel jezelf daarom niet, maar zie deze klachten als een oproep van je ziel, die meer harmonie wil.

Vierde hoofdstuk

Ontplooiing en groei: laat je zelfliefde bloeien

In dit hoofdstuk leer je

hoe zelfliefde een
levenslange partner wordt,

→

hoe je ook in crises liefdevol
kunt blijven tegenover jezelf,

→

hoe je je hartenwensen en
dromen kunt verwezenlijken en

→

welke valkuilen er zijn
op de weg naar zelfliefde
en hoe je ze ontwijkt.

DE OPWAARTSE SPIRAAL

Stel je voor dat het leven als een spiraal omhoogloopt. In de loop van de jaren ontwikkel je je, beweeg je je naar boven. Waarschijnlijk zul je tegelijk met bepaalde kronkels steeds weer uitdagingen tegenkomen, want die horen bij het leven.

Zelfliefde kan je helpen steeds beter om te gaan met uitdagingen, omdat je zo een zuiverder verbinding hebt met jezelf. Net zoals een goede liefdesverhouding in de loop van de jaren aan diepte en vertrouwen wint, kan ook je relatie tot jezelf door waardering en zorgzaamheid steeds inniger worden.

Dat wil niet zeggen dat er geen ups en downs meer zijn, maar over het geheel genomen loopt de spiraal duidelijk opwaarts.

DE BUITENSPIEGEL

Op je zoektocht naar jezelf ga je ontdekken dat alles om je heen een persoonlijk leerveld vertegenwoordigt. De soort relaties die je hebt, je werk en je ervaringen op alle gebieden van het leven geven je een heel betrouwbaar beeld van wie je bent. Dat geldt zowel voor positieve aspecten als voor negatieve.

Als je meer liefde voor jezelf voelt, zal ook de wereld om je heen je met meer *waardering* benaderen. Zo trek je nieuwe ervaringen aan in je leven en ontmoet je nieuwe mensen, die je aanmoedigen om jezelf te zijn. Zo kan zowel de kwaliteit van je relaties en vriendschappen groeien als je bewustzijn over wie en wat je in het leven goeddoet.

> *Leren van jezelf houden betekent dat je dichter bij je eigen innerlijk komt. Je kiest ervoor meer te voelen en completer te worden. Dat maakt het mogelijk dat je ook andere mensen op een dieper niveau benadert. De nabijheid van en verbinding met anderen kan, vooral in de liefde, groeien naarmate je dichter bij jezelf komt.*

DE INNERLIJKE BESTE VRIEND

Oefening

'Wees een goede vriend voor jezelf' wordt vaak gezegd, maar hoe werkt dat in de praktijk? De volgende oefening heb ik als heel effectief ervaren.

»⟶ Leg twee kussens op wat afstand van elkaar op de grond voor je en ga op het dichtstbijzijnde kussen zitten. Daar ben je nu, met al je gedachten, behoeften en gevoelens.

»⟶ Ga met het tweede kussen een paar minuten een gesprek aan over wat je beweegt, als met een goede vriend. Dat voelt in het begin misschien wat vreemd, maar praat gewoon verder tot je op dreef komt. Na een poosje gaat het heel gemakkelijk.

»⟶ Ga dan op het andere kussen zitten. Je bevindt je nu in de positie van je beste vriend. Begin een gesprek vanuit dat perspectief. Wat zou je beste vriend tegen je zeggen? Misschien iets liefdevols als 'Ik kan je gevoelens heel goed begrijpen' of kalmerende woorden zoals 'Geloof in jezelf! Als je advies nodig hebt, ben ik er altijd voor jou.' Probeer vanuit deze positie ook een paar minuten een gesprek te voeren.

»⟶ Ga weer op het eerste kussen zitten en neem je 'beste vriend' mee! Houd het tweede kussen dicht tegen je aan en voel bewust wat er in je gebeurt als je beide perspectieven waarneemt.

»⟶ Herhaal deze oefening telkens wanneer je steun nodig hebt!

Binnen en buiten

Doordat je innerlijk groeit en verandert, ga je ook nieuwe ervaringen en mensen aantrekken. Kijk aandachtig wie of wat je helpt om je weg te gaan.

OVER OMGAAN MET CRISES

Moeilijke tijden horen bij het leven en stellen je op de proef. Het is menselijk om op momenten van crisis te twijfelen en verdrietig te zijn en tegelijkertijd is het dan moeilijk om van jezelf te houden. Vaak heb je geen invloed op wat de crisis veroorzaakt. Verlies of ziekte confronteert je opeens met duisterder gevoelens die je liever zou vermijden, maar die echt door jou geaccepteerd willen worden.

Crises zijn veranderingsprocessen die gepaard gaan met allerlei gevoelens, van onzekerheid tot angst. Oude emoties komen opeens boven water, relaties – vaak ook beroepsmatig – komen op losse schroeven te staan. Je hele leven lijkt opeens in een nieuw, twijfelachtig licht te staan.

HOUD MOED!

Hoe onaangenaam en verwarrend het op dit moment misschien ook voelt, het is goed om te weten dat een crisis altijd een teken is dat je de rijpheid hebt om je verder te ontwikkelen.

Loop niet weg van jezelf, maar probeer vriendelijk met jezelf in contact te blijven.

LEER JEZELF LIEFDEVOL AANVAARDEN

Als externe factoren, bijvoorbeeld je werk of je partner, na vele jaren uit je leven verdwijnen, gaat dat vaak ten koste van je gevoel van eigenwaarde. Je hart bloedt en het is niet eenvoudig om de situatie te accepteren. Je wordt op dit moment van je leven uitgedaagd om jezelf te blijven en jezelf liefdevol te accepteren.
Zonder afleiding ben je dan gedwongen om heel goed te kijken naar jezelf en met jezelf de discussie aan te gaan over iets dat misschien al heel lang in het donker op de loer ligt en nu eindelijk gezien wil worden. Dan ga je – eerst nauwelijks merkbaar, maar dan steeds voelbaarder – innerlijk groeien en kun je na een poosje veranderd en gesterkt verder gaan.

*'Een crisis is een productieve toestand;
je moet ze alleen van de bijsmaak
van catastrofe ontdoen.'*

Max Frisch

Elke echte crisis heeft een reden en heeft tijd nodig. Verspil geen energie aan proberen om als een feniks uit de as te herrijzen. Accepteer gewoon de status quo. Luister naar wat je innerlijk je wil vertellen. Laat je hart spreken en gun je hoofd een pauze.

Het goede nieuws is: geen enkele crisis duurt eeuwig, ook al lijkt er op dit moment nog geen streepje zon te zien. Zelfliefde kan je helpen om ook in donkere dagen vol te blijven houden. Als het je lukt om 'ja' te zeggen tegen jezelf wanneer je twijfelt, treurt en lijdt, dan ontstaat er een zekerheid in jezelf die niemand je nog kan ontnemen. Je zult veel makkelijker de schat ontdekken die in de duistere grot verborgen ligt. Door aandacht, geduld en zelfliefde aan de dag te leggen tijdens een crisis, kan die de sleutel zijn tot een blijvende positieve verandering.

Steun en toeverlaat in crisistijd: de stem van je innerlijke beste vriend.

ZELFLIEFDE TIJDENS EEN CRISIS

Praktische tips

Wees zorgzamer voor jezelf
★ Oefen in crisistijd vooral je dagelijks ritueel voor de spiegel. Als het je lukt om ook nu vriendelijk tegen je spiegelbeeld te zijn, dan maak je grote sprongen richting zelfliefde. Wees daarbij eerlijk en open over al je gevoelens; daardoor zorg je voor verlichting van en verbinding met je innerlijk.

Zoek steun bij andere mensen
★ In moeilijke tijden zijn liefdevolle relaties en contacten heel belangrijk. Iedereen heeft af en toe een klopje op de schouder nodig, een knuffel, iemand die luistert. De zekerheid dat er iemand voor je is, zal het makkelijker maken om vertrouwen te voelen.

Wees goed voor je lichaam
★ Het draagt je ook door *deze* tijd. Als je goed zorgt voor je lichaam, creëer je goede omstandigheden om je mentaal beter en meer aanwezig te voelen. Sport is een geweldig natuurlijk antidepressivum – het liefst in de frisse buitenlucht.

Uit wat je ervaart
★ Dat lucht op. Misschien wil je wel creatief zijn en je gevoelens uiten in de vorm van verf op een linnen doek, teksten of muziek. Uit wat je ervaart, laat het zien in plaats van het in te slikken of er alleen mee in het reine te willen komen.

Zorg voor een duidelijke structuur
★ Deel je dagen goed in en doe elke dag iets zinvols. Je leven goed structureren en vullen met activiteiten waardoor je je nuttig gaat voelen, versterkt je gevoel van eigenwaarde en voorkomt dat je gaat piekeren.

Neem de verantwoordelijkheid...
★ … als de kapitein van wie het schip zich in een woeste storm op een wilde zee bevindt. Zoek desgewenst gepaste professionele hulp om je door de crisis te leiden. Een therapeut, een psycholoog of een coach kan een licht in de duisternis zijn dat je richting geeft wanneer er zich in je leven ingrijpende veranderingen voordoen.

DE VIER PSYCHOLOGISCHE BASISBEHOEFTEN

Uit onderzoek[1] naar het psychisch welzijn van mensen werden vier psychologische basisbehoeften gekristalliseerd. Als hier naar tevredenheid aan wordt voldaan, is er een goede basis voor een gelukkig en tevreden leven. Tegelijkertijd daalt de waarschijnlijkheid van psychisch lijden. Deze vier punten vormen een duidelijk richtsnoer op de weg naar zelfliefde.

Binding

»—→ Koester goede relaties en liefdevolle contacten, want die zijn als een balsem voor de ziel. Je hoeft niet alles alleen te doen; nabijheid en steun van anderen zijn een heel natuurlijke behoefte.

Richting

»—→ Structuur, controle en zelfbeschikking geven zekerheid en een stabiel referentiekader. Een regelmatig leven geeft houvast en het gevoel dat je zelf invloed hebt op je leven. Jezelf als effectief ervaren en je eigen leven kunnen sturen, ondersteunt je zelfbewustzijn.

Eigenwaarde

»—→ Alles wat je gevoel van eigenwaarde versterkt, is goed voor je mentale welzijn. Veel hangt samen met je werk en met de manier waarop je je talenten kunt uiten en daarvoor waardering krijgt. Je bent het waard om taken te zoeken die je persoonlijk liggen en die je vreugde geven en het gevoel nuttig bezig te zijn.

Plezier

»—→ Tot het innerlijk evenwicht behoort ook de wens om vreugde en plezier te ervaren. Wordt die niet vervuld, bijvoorbeeld omdat het werk en andere eisen het dagelijks leven beheersen, staat frustratie voorgeprogrammeerd. Het is dan ook heel belangrijk dat je tijd vindt voor dingen die je leuk vindt, die je plezier geven en waarbij je het kind in jezelf ontdekt.

---

1 Uitgevoerd door psychotherapeut K. Grawe.

JE NIEUWE ZELFBEWUSTZIJN VERSTERKEN

Praktische tips

Maak een reis door je leven

⭐ Door zelfliefde ga je je voor jezelf en ook voor andere mensen steeds voel- en zichtbaarder maken. Wat denk je van een kleine emotionele gedachte-reis door je leven? Maak het je gemakkelijk en haal oude foto's tevoorschijn. Bekijk beelden van jezelf in allerlei fasen van je leven: als jong kind, als tiener en als jongvolwassene, met familie en vrienden of alleen, vrolijke snapshots maar ook serieuze pasfoto's... Dat ben jij allemaal! Er komen vast herinneringen bovendrijven. Heet alle gevoelens welkom en als een bepaalde foto je positief raakt, hang deze dan ergens goed zichtbaar op.

Kijk eens naar je relaties

⭐ Als je positief verandert, zullen mogelijk ook veranderingen in je contacten volgen. De mensen die blij voor je zijn dat je je innerlijke kracht ontdekt, zullen zeker in je omgeving blijven. Soms brengt persoonlijke groei ook mee dat wegen zich scheiden. Dat kan op dat moment teleurstellend zijn, maar op de lange termijn wil het leven het beste voor je en het zal je steeds naar de juiste mensen leiden. Vertrouw op je intuïtie.

Maak aandachtig gebruik van de spiegel van je omgeving

⭐ In het dagelijks leven kan het snel gebeuren dat iets van buitenaf onze aandacht trekt of dat we de oorzaak of verantwoordelijkheid voor iets wat ons niet aanstaat bij iemand anders zoeken. De Russische schrijver Leo Tolstoj zei daarover dat de mens zich soms gedraagt als een hond die tegen een spiegel blaft omdat hij denkt niet zichzelf daar te zien, maar een andere hond.

Ga voortaan een stapje verder en vraag je af wat de ander je laat zien of wat je van hem kunt leren. Zo kun je de kans benutten om je door conflicten verder te ontwikkelen.

Ontwikkel je bewustzijn tijdens de crisis

★ Houd altijd het grote geheel voor ogen als je door een lastige tijd gaat. Stel je voor dat je op de top van een berg staat en vanaf daar je leven uitgespreid voor je ziet liggen in het landschap. Je ziet alle pieken en dalen en je herinnert je hoe je vroegere uitdagingen hebt doorstaan. Die herinneringen zetten het moment van nu in een ander licht, maken het minder zwaar. Vraag jezelf: waar ligt mijn kans in de huidige situatie? Waar wil het leven me hebben?

Luister naar je innerlijke stem

★ Een gebrek aan zelfliefde betekent vaak dat je je innerlijke stem en je eigen wensen negeert. Er zijn heel veel redenen om dat te rechtvaardigen: de verplichtingen op het werk die geen ruimte voor iets anders laten, de behoeften van het gezin, de maatschappelijke stempel van 'wat men doet' en 'wat men niet doet'… Uiteindelijk betekent dit dat uiterlijkheden een groter gewicht krijgen dan jijzelf. Heet je innerlijke impulsen welkom, want ze willen je de juiste weg wijzen – die naar jezelf!

Maak gebruik van je creatieve kracht

★ Met groeiende zelfliefde ga je steeds meer de behoefte voelen je waarheid en individualiteit te uiten. Aarzel niet, want elke dag is kostbaar! Wijd een deel van je vrije tijd aan het plannen en vertalen van je dromen en visioenen. Een vaste datum daarvoor op de kalender en de motiverende steun van goede vrienden kunnen je helpen om vol te houden.

Koop een mooi notitieboekje voor jezelf

★ Zorg ervoor dat je je boekje vanaf nu altijd bij je hebt. Daarin kun je op elk moment je creatieve ideeën noteren. Zeg de volgende zin tegen jezelf of schrijf hem op de eerste bladzijde: 'Ik sta open voor alle ideeën die mijn leven verrijken.' Zo zet je je in op ontvangen en stimuleer je de ideeënstroom voor alles wat het leven mooier maakt.

ZELFLIEFDE: DE VALKUILEN

In het dagelijks leven zijn diverse valkuilen waar iedereen weleens ingetrapt is, situaties waarin zelfliefde ontbreekt. Ze zijn wijdverbreid en ik wil je graag een paar tips meegeven om te weten hoe je je eruit kunt bevrijden.

★ Zelfbeschadigend gedrag

Veel mensen proberen hun grote innerlijke honger te stillen met een overmaat aan genotmiddelen. Sigaretten, veel suiker, overmatig eten als vervanger voor liefde of regelmatig alcohol en drugs consumeren doen lichamelijk en mentaal meer kwaad dan dat ze de leegte in het innerlijk vullen. Helaas werken vele van deze middelen ook nog eens verslavend en/of zijn ze ongezond. Zelfbeschadigend gedrag kan echter ook andere gezichten hebben, zoals blijven vasthouden aan een relatie of een job die te veel energie kost. Vaak wordt daardoor een oud innerlijk programma bevestigd dat luidt: 'Ik heb niet beter verdiend.'

De genezing bestaat erin dat je je blik van buiten naar binnen richt en je meer bewust wordt van je eigenwaarde.

Als je je zelfliefde versterkt, kun je langzaam ontdekken dat je echt wel iets beters verdiend hebt, lichamelijk, in je werk en emotioneel! Dan kan de behoefte aan zelfbeschadigend gedrag in de loop van de tijd worden vervangen door zin in dingen die je echt goeddoen. De volgende krachtige affirmatie is daarbij heel handig.

Ik houd van mezelf en ik verdien in elk opzicht het beste.

★ Geweld in relaties

Lichamelijk en emotioneel geweld zijn het tegengestelde van liefde en veroorzaken pijn en schaamte. Het slachtoffer voelt zich vaak schuldig en niet in staat om uit de relatie te stappen. Als je in een dergelijke situatie zit, is het belangrijk dat je inziet dat niets ter wereld een dergelijke behandeling rechtvaardigt. Het is ook van belang dat je de stap naar buiten waagt en je eigen kracht (her)ontdekt. Wacht niet, want je gevoel van eigenwaarde heeft nieuwe ruimte nodig. Deel je emoties met anderen en overweeg hulp om je los te maken uit de ongezonde situatie. De dagelijkse oefeningen voor zelfliefde zullen je helpen om je stap voor stap bewust te worden van je grootsheid in plaats van je te laten kleineren. Spreek een paar maal per dag de volgende affirmatie uit.

Ik houd van mezelf
en ik ben het waard om
een gezonde relatie te onderhouden
met mezelf en met anderen.

★ 'Daar heb ik geen tijd voor!'

Deze uitspraak klinkt op zich heel onschuldig, maar is niet anders dan een valkuil als het gaat om zelfliefde. Tussen de regels is namelijk te lezen: 'Alles is belangrijker dan mijn eigen behoeften.' Neem vanaf nu, los van je gezin en beroep, zo af en toe een time-out voor jezelf om jezelf daardoor misschien opnieuw te leren kennen. Je bent het waard! De dag telt 24 uur en je kunt jezelf daarvan zeker wel wat tijd gunnen om voor jezelf te zorgen. Je omgeving zal daar zeker ook van profiteren! Zeg altijd weer de volgende affirmatie tegen jezelf.

Ik neem bewust tijd voor mezelf
en mijn behoeften.

★ 'Ik wil niet egoïstisch zijn!'

Onzelfzuchtige opoffering voor anderen is de volgende valkuil wat betreft zelfliefde. Om niet voor egoïstisch versleten te worden, zetten veel mensen zich in voor anderen. Onbewust hebben ze in hun achterhoofd het idee dat de gegeven inzet wel een keer terugbetaald zal worden. Misschien wel in de mate waarin je zelf liefde en aandacht wenst?

Er worden geen onderscheidingen voor onbaatzuchtigheid uitgereikt, maar de mogelijkheid bestaat wel om er zowel voor jezelf als voor anderen te zijn en daarmee een eerlijke tevredenheid voor jezelf te ontwikkelen. Stel je de situatie in een vliegtuig voor: voor elke vlucht word je erop attent gemaakt dat je eerst je eigen masker op moet zetten voordat je kinderen en andere passagiers helpt. Goed voor jezelf zorgen betekent dus niet dat je egoïstisch bent, maar dat je de basis legt om goed te kunnen doen voor anderen.

De volgende affirmatie kan je daarbij helpen.

Ik zorg voor mezelf net zo goed
als voor anderen.

★ *'Ik verdien geen liefde.'*
Diep vanbinnen denken heel veel mensen dit en helaas houdt deze overtuiging inderdaad vaak de liefde op afstand. Van jezelf houden lijkt moeilijk als mislukkingen, minderwaardigheidscomplexen, gefaalde pogingen en de afwijzing van jezelf in het algemeen je eigen persoon in een vermeend slecht daglicht stellen.

Om het begin van zelfliefde te vinden, zoek je een liefdevolle en waarderende omgeving. Wanneer anderen jou vriendelijk benaderen, is het makkelijker om dat ook zelf te doen. Een warme, menselijke omgeving doet op den duur alle ijs smelten en kan meehelpen om oude muren van zelfafwijzing met de grond gelijk te maken.

Je bent het waard om je persoonlijke relaties op de voorgrond te plaatsen en je alleen te omringen met mensen bij wie je waardering en oprechtheid kunt verwachten. Als je dat consequent een poosje doet, zal de stem van je innerlijke criticus milder worden en zal het makkelijker zijn om van jezelf te houden.

Op je werk kun je natuurlijk niet altijd kiezen met wie je te maken hebt. Laat echter niet toe dat stress, prestatiedruk of pesterijen op je werkplek knagen aan je gevoel van eigenwaarde. Er zijn zeker bedrijven waar een vriendelijke sfeer, waardering en teamspirit wel boven aan de lijst met prioriteiten staan en waar je het op den duur makkelijker zult vinden om vriendelijk en ontspannen met jezelf om te gaan. Maak lijstjes van je sterke kanten en van de successen die je al hebt bereikt in je leven. Dat verlegt de focus in positieve richting. Als het je lukt jezelf ook maar een klein beetje te waarderen heb je al een begin voor zelfliefde geschapen en ben je op de goede weg. Maak gebruik van de volgende affirmaties, die je zullen helpen om van jezelf te houden en de liefde van anderen te aanvaarden.

Ik ben sympathiek en waardevol.
Nu stel ik me open voor
al het goede dat
mijn richting uit komt.

★ *'Ik ga van mezelf houden als...*
... ik 10 kilo afgevallen ben, want dan pas kan ik van mezelf houden; ... ik eindelijk promotie heb gemaakt en succes heb in mijn werk; ... ik eindelijk dat en dat heb gedaan.'

Deze en dergelijke argumenten worden vaak gebruikt om de zorg voor zichzelf voor zich uit te schuiven. Zelfliefde wordt gekoppeld aan verplichtingen en voorwaarden en daarmee uitgesteld. Echte liefde kent echter geen beperkingen, maar wil hier en nu stromen. Dat is de uitdaging, maar tegelijk ook het praktische aan zelfliefde. Je kunt er elk moment mee beginnen, gezellig in je pyjama op de bank maar ook in het dagelijkse zakenleven. Wat telt is je beslissing om vanaf nu 'ja' tegen jezelf te zeggen. Boeiend genoeg volgt de rest daarna vaak vanzelf.

Tina, die al haar hele leven worstelde met haar gewicht ('Ik kan alleen van mezelf houden als ik eindelijk slank ben'), besloot op een gegeven moment dat ze dat gewoon niet meer wilde. Ze had haar buik vol van zichzelf voortdurend te veroordelen om haar figuur. Ze koos voor zelfliefde en begon er meteen mee om lief voor zichzelf te zijn en voor alles wat ze was. Wat gebeurde er? Ze voelde zich steeds prettiger in haar lichaam en langzamerhand smolten de kilo's weg zonder enig dieet. Met veel inlevingsvermogen ondersteunt ze nu andere vrouwen met hetzelfde probleem. Daarom: wacht niet met zelfliefde, maar begin meteen! De volgende affirmatie kan je daarbij ondersteunen.

*Hier en nu
houd ik van mezelf
met alles wat ik ben.*

 *'Ik kan niets voelen!'*

Misschien wil je graag zelfliefde ontwikkelen en meer voelen, maar je voelt je op dit moment emotioneel afgescheiden. Dat komt vaker voor en soms is dat ook zinvol. Misschien is het een bescherming van je psyche, die je voor te veel indrukken wil behoeden, of misschien ben je op dit moment in je leven gewoon heel gespannen. Het kan ook zijn dat je je gevoelens jarenlang hebt onderdrukt omdat niemand ze wilde zien. Wees vriendelijk voor jezelf en oefen in het accepteren van de status quo. Je gevoelens en daarmee je vitaliteit worden weer wakker als je jezelf warmte geeft. Alles komt op het juiste moment. Zorgen voor jezelf en zelfliefde kunnen stap voor stap groeien als je jezelf de tijd gunt die je nodig hebt op je persoonlijke weg. De volgende affirmatie kan je daarbij ondersteunen.

*Ik ben goed voor mezelf en
heb alle tijd die ik nodig heb.*

HOE ZELFLIEFDE EEN ONDERDEEL VAN JE LEVEN WORDT

1

Levenslang

De beslissing om van jezelf te houden, is een belofte voor de lange termijn. Je zult soms misschien worden uitgedaagd om je focus op jezelf gericht te houden, bijvoorbeeld als het bij iemand anders 'brandt'. Help, maar blijf daarbij je eigen waarden en je eigen weg trouw. Dan kun je langzamerhand rustiger worden en gelukkiger door het leven gaan, omdat je weet dat je op jezelf kunt vertrouwen – wat komt, dat komt.

2

Crises zijn mentale beproevingen

Wat eerst helemaal niet prettig aanvoelt, betekent in werkelijkheid een mogelijkheid om weer heel te worden en is een poort naar grotere vrijheid. Vooral nu is het belangrijk dat je zelfliefde oefent, dat je aandachtig en met zorg omgaat met jezelf en je eigen gevoelens en behoeften. Soms zijn crises noodzakelijk, zodat het leven nieuw en beter kan worden ingericht.

3

Bekijk jezelf in een uiterlijke spiegel

Als je zelfliefde groeit, zul je zien dat alles in je uiterlijke leven die groei weerspiegelt. In de mate waarin je innerlijk verandert en je liefdevoller voor jezelf wordt, zul je door de veranderde weerklank uiterlijk overeenstemmende omstandigheden aantrekken. Gebruik bewust je scheppende kracht!

4
*Luister naar je innerlijke
beste vriend*

Leg vaker contact met je innerlijke beste vriend. Luister naar jezelf en schenk jezelf precies dat begrip, dat geloof en die bevestiging van een echte vriend. Je kunt daardoor op een nieuw vlak ervaren dat je zelf de vaardigheid hebt om goed voor jezelf te zorgen. Dat maakt je innerlijk vrij.

5
Ontplooiing

Het leven wil graag dat je je ontwikkelt en je talenten en je gaven tot uiting laat komen. Door groeiende zelfliefde zal ook de stem van je hart steeds duidelijker worden – volg die stem! Dan kan het innerlijk vuur ontbranden en niet alleen jezelf verwarmen, maar ook het leven van anderen verlichten.

6
Pluk de dag

Elke dag is waardevol. Vanaf nu ben je het waard je dromen na te jagen en je hartenwensen in daden om te zetten. Daarvoor is het nooit te laat en je hebt het verdiend.

MIJN TOEKOMSTVISIE

Hoe ziet jouw gedroomde toekomst eruit? Welk visioen sluimert diep in je en wil je wekken? Ongeacht hoe oud je bent, denk eens na wat je precies wilt voor je toekomst – zowel grote als kleine dingen – en noteer je gedachten hieronder. Laat je fantasie en je hart de vrije loop!

Mijn persoonlijke hartenwensen voor de toekomst (beroep, relatie, familie):

De dromen die ik wil realiseren (bv. de berg Corcovado met het beeld van Christus de Verlosser bezoeken in Rio de Janeiro, me met succes als zelfstandige vestigen, met mijn gezin verhuizen naar een villa):

Mijn volgende stappen (wat ik nu al kan doen om dit in de praktijk te brengen):

De hindernissen die zich kunnen voordoen en hoe ik daar goed mee kan omgaan:

VERGEEF JEZELF

De reis naar jezelf en meer innerlijke harmonie heeft vele facetten. Met enkele daarvan heb je je nu al beziggehouden, maar een heel belangrijk aspect krijgt nu de ereplaats aan het einde van dit boek: vergeven.
Alles wat niet opgelost is, kost veel energie, zowel op persoonlijk als op algemeen vlak.

De vrede die iedereen zo graag wil en die de wereld dringend nodig heeft, begint in jezelf.

Liefde kan groeien als je vrede sluit met je verleden, met je medemens en met jezelf.
Als iedereen afzonderlijk zich vredig en liefdevol voelt, kan het grotere geheel daarvan profiteren!

⟶ Maak een soort persoonlijke inventaris. Wat blokkeert je nog in het leven, waar zit mogelijk iets vast? Schrijf op een vel papier alle mensen en situaties waarbij je nog niet verwerkte gevoelens voelt. Denk aan je wens naar meer liefde en waardering, aan de vreugde die een leven in het hier en nu voor je heeft. Stel je moedig en eerlijk open voor nog niet verwerkte gevoelens. Misschien wil je liever op een of andere plek een gesprek houden of iemand een brief schrijven? Wat heb je nodig om los te laten? Wees mild en vergeef ook jezelf.

Vergeving bevrijdt en is een van de belangrijkste sleutels tot de weg naar innerlijke harmonie.

Geef jezelf net zoveel tijd als je nodig hebt. Het zal voelen als een innerlijke schoonmaak.

Op je persoonlijke weg naar zelfliefde en innerlijke vrijheid wens ik je veel moed, duidelijkheid en vreugde. De weg is het doel en het is geweldig dat je dit gaat doen op jouw manier en in jouw tempo. Ontdek je innerlijke kracht – je bent uniek en waardevol.

NOG MEER LEZEN

Persoonlijke leestips van de auteur

Louise Hay, *Spiegelwerk: in 21 dagen naar een gelukkiger leven* (2016).
Louise Hay, *Gebruik je innerlijke kracht* (2016).
Anne-Marrez Oda, *Feel good – Tevreden met je lichaam* (2017).

Website van de auteur

www.cardea-training.de
(Duitstalig)

FOTOVERANTWOORDING

De illustraties in dit boek zijn van Martina Frank (München), behalve op blz. 17, 35, 43, 69, 93: Shutterstock/Sharpner en op blz. 19, 53: Shutterstock/Iuliia Pavlenko.
Alle foto's en achtergrondontwerpen gebruikt onder licentie van Shutterstock.com.

BRONNEN

De citaten in dit boek komen uit de volgende bronnen:
voorflap: Byron Katie, vermoedelijk uit een lezing, precieze herkomst onduidelijk; blz. 13 Oscar Wilde, uit een verzameling aforismen; blz. 39: Charles Chaplin, uit de film *The Great Dictator*; blz. 65: Thich Nhat Hanh, uit een lezing; blz. 67: Jim Rohn, precieze herkomst onduidelijk; blz. 79: Max Frisch, precieze herkomst onduidelijk; blz. 83: Walt Disney, precieze herkomst onduidelijk. Helaas is het niet in alle gevallen gelukt de precieze bron op te sporen.
Met betrekking tot de lichamelijke waarneming blz. 58: Cash T., *The Body Image Workbook*, New Harbinger (2008).

Original title: *Leichter leben. Selbstliebe macht stark: so schließen Sie Freundschaft mit sich selbst.*
(Stefanie Carla Schäfer)
© MMXVI Scorpio Verlag GmbH & Co. KG, München.
All rights reserved.
© Zuidnederlandse Uitgeverij N.V., Vluchtenburgstraat 7, B-2630 Aartselaar, België, MMXVIII.
Alle rechten voorbehouden.
Deze uitgave door: Deltas, België-Nederland.
Nederlandse vertaling: Emmy Middelbeek-van der Ven.

D-MMXVIII-0001-83
NUR 770

BELANGRIJK

Geachte lezer,
De dingen gaan ons beter af als ze gemakkelijk gaan. Met dit boek willen wij je inspireren tot een nieuw levensgevoel en je ondersteunen bij veranderingsprocessen. De inhoud van dit boek werd heel zorgvuldig samengesteld en nauwgezet getoetst, de oefeningen en suggesties hebben zich in de praktijk bewezen. Wees je ervan bewust dat je zelf de verantwoordelijkheid draagt voor de mate waarin je de suggesties wilt toepassen. Auteurs, uitgever en medewerkers kunnen geen verantwoordelijkheid nemen voor de resultaten.